서른 마흔을 디자인하다

입대할 때 군 생활의 분명한 목표가 있었을까?
어쩔 수 없이 입대한 사람과 구체적인 목표를 갖고
입대한 청년은 군 생활이 전혀 다르다.
인생도 마찬가지!

병영일기 2권에서는 '앞으로 어떻게 살 것인가?' 라는 주제로 서른 마흔을 설계하고 글로 남긴다. 오지 않은 미래를 계획한다는 것! 어쩌면 허황한 일이며, 계획한다고 그대로 된다는 보장도 없다! 그러나 미래를 고민하고 계획해본 사람과 아닌 사람은 다르지 않을까? 해보지 않은 일에 대한 생각·계획·기록은, 사고의 폭을 넓게 한다.

지은이 강홍림은. 군 생활이 선임의 괴롭힘으로 몹시 힘들었다고 한다. 선임과의 갈등이 폭발해 큰 위기를 맞았다고…. 병영생활 최고의 기회는 '관계에 대한 훈련'이라 강조한다. 간부 선후임 동기와의 관계! 팔로워십, 리더십 두루 경험할 수 있고, 관계를 기반으로 이해력 설득력을 키울 수 있는 최적의 환경이라 말한다.

병영일기 2권 서른 마흔을 디자인하다

초판 1쇄 발행일 2021년 3월 1일
지은이 강홍림
편집출판 아름기획
발행인 사단법인 사람과사람들
　　　　63208 제주시 중앙로 217 608호
　　　　대표전화(064)747-7114 팩스(0303)0303-3890

값 25,000원

ISBN 979-11-968698-3-0

"잘살아야 한다! 정말 잘살아야 한다!"
어떻게 사는 것이 잘사는 것인지, 각자의 기준으로라도 잘살아야 한다. 잘사는 삶! 무엇이 필요할까? 소설로 써보자! 소설 한 편 읽어 보지 않아도 쓸 수 있다. 내가 작가며 주인공도 '나'다.

가보지 않은 길을 소설로 써 보자! 상황설정이 대부분 부정적이다. 꽃길만 걷는 보랏빛 삼사십대 계획은 인생에 도움이 되지 않는다! '나쁜 상황만 피해도 좋다'는 소극적 생각이 오히려 현실적이다! 꼰대 같은 질문, 공감되지 않는 상황설정이지만 큰 도움이 될 것이다!

차 례

1. 안드로메다에서 지구별에 온 나!   7p

2. 지구별에서 갖고 다닐 내 명함   21p

3. 단독으로 임무를 수행할 것인가? 동조자를 찾을까?   55p

4. 임무 수행에 필요한 돈은 어떻게 마련하지?   111p

5. 씨피(Command Post)는 어디로 정할까?   133p

6. 지구별에서 만날 사람들   149p

7. 삼사십대 건강은 어떻게 유지할 것인가?   213p

8. 점호를 생활 습관으로!   243p

9. 잘살기 위해 내가 배우고 습관화할 것들   261p

10. 가끔은 즐거움 기쁨 설렘도 있어야 하지 않겠나?   277p

11. '태풍'을 만나면   289p

12. 군복을 벗고 바로 할 일   317p

13. 이십대가 가기 전 무엇을 할까?   327p

14. 서른·결혼 전까지 경제적인 것은 어떻게 해결하지?   341p

15. '병영일기'를 마무리하면서!   349p

병영일기 2권은 선택에 대한 고민과 연습

미래 내 앞에 놓일 선택을 준비한다면, 내 군대 생활은 참 잘한 것이다! 인생은 선택의 연속이며, 선택에 따라 내 삶 방향이 결정된다. 그 선택은 자유며 권리지만 책임 또한 내 몫이다. 나를 위한 선택을 할 것인가? '우리'의 선택을 할 것인가?

현재·미래·돈·명예·새로운 기회·안전·즐거움·보람…. 내 선택기준은 무엇이어야 하나? 병영일기 2권에서 '지구별 임무'라 표현되는 삶의 철학이 정리되지 않으면 최상의 선택은 할 수 없다. 시간이 지나며 선택의 기준은 바뀔 수 있다. 삶의 철학이 바뀌기 때문이다. 그게 변질이든 진화든!

2권 서른 마흔을 디자인하다 사용설명

1. 상병 진급부터 제대 후 1개월까지 300문항. 하루 질문 하나 글쓰기

2. 미래 내 이야기다! 그대로 이루어질 수도 있고, 정반대의 현실을 보게 될지도 모른다. 각 질문항목의 주어진 상황에서 내가 어떻게 할 것인지 생각을 글로 옮긴다. 희망 사항일 수도 있다. 여러 직업으로 살아보고, 다양한 여성과 사귀고 결혼하고, 특별한 상황을 겪고, 치명적인 질병으로 삶의 위기를 맞고…. 2권을 '소설 쓰기'라 하는 이유다.

3. 아무에게도 보여주지 않을 소설이다. 훗날 오로지 내가 두고두고 여러 번 읽을 것이다. 내가 쓰지만 결국 나만 읽을 소설인 셈이다. 잘 쓰려고 노력하기보다 그 상황을 깊게 생각하는 것이 유익하다.

4. 내게 도저히 그런 상황이 생기지 않을 거라 확신하더라도 상상해 보기 바란다. 생각은 자유며 공짜다. 그래도 아니라고 생각된다면, 직접 다른 상황을 설정해 글로 옮겨보자.

5. 좀 더 생각을 많이 해봐야 할 상황이나, 훗날 들춰봐야 할 페이지는 질문 번호 등에 별도로 표기해 두자.

이 병영일기에 대한 보완, 수정 등의 의견 환영합니다.
reemkh@hanmail.net 팩시밀리 (0303)0303-3890 보내주시면 감사히 받겠습니다.

1. 안드로메다에서 지구별에 온 나!

나는 지구에서 200만 광년 떨어져 있는 안드로메다은하에서 왔다. 태양계 지구라는 별에 온 것이다. 대한민국이라는 작전지역(Area of Operations)에 투입되었다. 원대 복귀일은 정해져 있지 않고, 내 임무를 다 수행하면 안드로메다로 돌아갈 것이다!

지구 사람들이 안드로메다까지 가려면, 지구에서 가장 빠른 비행기로 4000억 년이 걸리나 나는 1시간 만에 지구별에 도착했다. 지구의 과학기술은 보잘것없는데, 안드로메다에 생명체가 있느니 없느니 다투기도 한다. 지구밖에 살아본 적 없는 이들의 논쟁이 가소롭다. 한심한 것은 서로 잘났다고 더 많이 갖겠다고 시도 때도 없이 싸우는 것과 무엇 때문에 존재하는지 깨닫지 못하고 산다는 것이다.

"왜 사는가?"

어려운 질문이며 뜬금없는 질문이기도 하다. 수많은 철학자가 고대부터 현재까지 고민하고 고민한 질문이다. 나름 각자의 답도 있다. 답이 틀렸다거나 다르다기보다, 바뀐다는 점을 생각해야 한다. 성공한 사람들의 공통점은 목적이 분명했다는 점이다. '성공'이라는 단어의 뜻을 찾아보라! 삶의 목적을 병영일기 2권에서 '지구별 임무'라 표현했다. 임무를 수행하려면 내 임무가 무엇인지 알아야 하지 않을까?

20 . . .

301_299

안드로메다로 복귀하기 전까지 내가 '수행할 임무'는 무엇일까?
지구별로 출발할 때 '임무도 스스로 찾고 실행하라' 지시받았는데.

내 인생의 목적은? 인생관 등 내 인생의 목적(삶의 방향)이 정해지면,
비전 · 직업 등 다른 것은 쉽게 결정할 수 있으며 삶은 쉬워진다. 301 질문이 어려우면 304, 305 먼저!

302_298

20 . . .

내가 생각하는 '수행할 임무'는 타당한 것일까? 사령부 지시에 충실한 임무일까? 내가 이 임무를 수행하면 원대 복귀해 상과 포상휴가를 받을 일인가?

어차피 시작된 삶 이십여 년 흘렀다. 잘살아야 한다! 누가 보더라도 '참 잘살았다!' 그런 삶이어야 한다!

20 . . .

303 _297

내 능력에 맞는 임무인가? 임무를 수행하기 위해서 무엇이 필요한가?
누가 필요한가? 임무를 수행하기 위한 전략 전술은 무엇일까?

임무를 수행하다가 '이 임무가 아닌 것 같다.' 생각될 때 어떻게 하지? 안드로메다로 돌아갈 수도 없고⋯.
어떤 사람은 그래도 고집스럽게 가기도 하고, 현명한 사람은 방향을 바꾸기도 한다.

304 _296

20   .   .

내 마음대로 쓸 수 있는 100억 원이 있다. 아무도 모르는 이 돈 어떻게 쓸까? 진지하게 구체적인 계획을 써 보자! 301~303에 대한 실마리를 찾을 수 있다.

앞선 질문들이 어렵나? 처음만 어려운 거!~ 즐겁고 재미있는 질문이 많으니 기대해도 좋다!

20 . . .

304번 돈의 합을 대상별로 나눠보면! ①나를 위해 쓸 돈 ②내 가족(짝, 자녀) ③부모 형제
④친구 · 선후배 · 친인척 ⑤국가 · 사회를 위해 쓸 돈

다섯 가지로 구분하고 그 비율을 계산해 보자. 내 인생의 주어진 시간과 노력을 비율대로 살아도 될까?
그렇게 사는 것은 '잘사는 것', '성공한 삶'일까?

306_294   20   .   .

평생 '내가 좋아하는 것'을 하면서 사는 삶은 어떨까? 잘하고 못하고는 고려대상이 아니다. 단지 내가 좋아하는 것을 말한다. 그런 내 인생 글로 옮겨보자!

그것이 지겨워지면 어떻게 하지? 돌아보니 내가 좋아했던 것 바꾸기도 했잖아! 장난감. 레고. 카드. 음악. 게임…. 좋아하는 친구도 바뀌었네?

20 . . .

내가 잘하는 것! 잘하는 정도의 차이는 무시하더라도,
할 수 있는 것 가운데 그래도 내가 잘하는 것을 하면서 사는 삶은 어떨까?

308 _292

20 . . .

돈이 최고야! 이것저것 따지지 않고 '돈 버는 삶'은 어떨까? 오로지 돈 버는 것을 인생 목표로 사는 내 주위 누군가를 생각하고 그 사람이 나일 경우 어떨까?

20 . . .

'여러 사람에게 친절한 사람!'과 '단 한 사람의 인생 은인' 둘 가운데 어떤 사람으로 사는 것이 쉬울까? 하나를 선택해 내가 그렇게 사는 삶을 글로 옮겨보자.

310 _290   20 . . .

소결론! 내가 좋아하는 것을 직업으로 사는 삶, 내가 잘하는 것, 돈을 목표로 하는 삶, 누군가를 위한 인생! 냉정하게 나를 평가할 때, 어떤 삶이 잘 사는 것일까?

물론 네 가지, 세 가지, 두 가지에 해당하면 아주 잘사는 삶이겠다. 최우선으로 선택할 하나를 고른다면?

20 . . .

내가 원하는 삶(모델)이면서 참 잘살았다고 생각되는 분(그분이 나를 알든 알지 못하던)이 있다면, 그 삶을 알아보고 상세히 서술해 보자!

1권에서 멘토에 대해 잠깐 생각했었다.
원하는 삶을 사는 모델이 내 주위에 있다면 직접 이야기를 들어보는 것도 좋겠다.

312 _288

20   .   .

시간이 지나면 바뀔지 모른다! 그렇지만 지금 기준, 내 인생의 임무(인생관 · 가치관 · 사회관), 삶의 목적 목표를 정리해 보면!

나는 이렇게 살면 좋겠다! 다시 301, 302, 303으로 돌아가 글로 옮겨 본다. 그래도 어렵다면 다음 장으로 넘어가 문제에 대한 답을 하다. 처음으로 돌아가도 되겠다고 생각될 때 정리해도 좋다.

2. 지구별에서 갖고 다닐 내 명함

9cm×5cm 작은 종이! 이름·연락처·소속·직책…. 처음 만나 주고받기도 한다. 세련·품위·조잡하다는 느낌도 받지만, 무엇을 하는지 소속 직책을 알 수 있다. 나를 알리는 것이고 상대를 기억하는 단서이기도 하다. 이 작은 종이의 핵심은 이름과 일이다. 내 이름이 적힌 명함에는 무엇이 인쇄될까?

나이 50이 넘으면 이름 뒤 호칭은 거의 변하지 않는다. 사장님, 대표님, 선생님, 의원님, 박사님, 농부님, 원장님…. 관련 일을 하지 않아도 삶을 마감할 때까지 거의 변함없이 불린다. 내 이름 뒤 호칭은 무엇일까?

사는 동안 직장은 여러 번 옮겨도, 하는 일을 바꾸는 경우는 많지 않다. 전혀 다른 일을 하게 되는 경우 큰 결정이 필요하다. 다른 삶을 사는 것이기 때문이다. 전혀 다른 일을 여러 번 바꾸는 사람이 '잘살았다 성공한 삶이다'는 평가를 들은 적이 없다.

나는 무슨 일을 할 것인가? '지구별 임무'에 적합한 일은 무엇일까? 2장에서 제시되는 일로 삼사십대를 살아보자! 내게 어떤 일이 맞을지 상상 속 그 삶을 살아보는 것도 즐겁지 않을까? 내가 선택할 가능성이 없더라도 그 삶으로 들어가 소설로 써 본다. 나와 무관한 다른 삶을 상상해 보는 것, 사고의 폭을 넓게 한다. 지면이 더 필요하면 2권 마지막 부분(362~365쪽)을 활용해도 좋다.

20   .   .   .

'공무원, 교사·교수, 연구직, 중소기업 회사원, 기술자, 노동자, 금융직' 가장 가능성 있는 직업 하나를 선택. 취직 과정, 우여곡절, 기쁨은 무엇일까?

314 _286   20   .   .

313번 일을 시작한 후 그 직업의 즐거움, 보람, 수입, 만족, 행복 등 얻는 것은 무엇일까?

20 . . .

313번 취직 후 시간이 지나자 게을러지기도 하고 어떤 유혹도 생기고….
스트레스, 의기소침하기도 하고 애로사항이 생긴다면 무엇 때문일까?

316_284   20 . . .

313번 일을 하면서 동료·상사·관련 경쟁자와 겪는 심각한 갈등, 발생할 수 있는 사건·사고는 어떤 것이 있을까?

20 . . .

만약 내가 313번 일을 선택했다면 언제쯤(시작한 지 몇 년, 나이) 그만두게 될까?
그리고 그만두는 이유와 방법은? 내가 이 직업으로 살면 행복할까?

318 _282　　　　　　　　　　20　.　.　.

삼사십대 어떤 일을 할 때, '언젠가 성공할 것이다!' 한 우물 파듯 꾸준히 할 것인가? '빠른 포기가 때에 따라 현명한 결정이다.' 빠른 선택을 할 것인가?

이른 포기가 인생 최대의 실수였다고 말씀하시는 육십 대 어른도 있고, 되지도 않을 일을 부여잡고 있다 보니 인생 다 끝났다고 말씀하시는 할아버지도 있다.

20 . . .

'농어민, 장사 · 사업 · 창업(아이템 임의설정), 정치인' 가운데
내가 삼사십대 가능성 있는 직업 하나를 선택. 시작과정, 우여곡절, 기쁨이 상상될까?

319번 일을 시작한 후 일의 즐거움, 보람, 수입, 만족, 행복 등 얻는 것 어떤 것이 있을까?

20 . . .

321_279

319번 일을 할 때 유혹, 스트레스도 생길까?

322 _278

20   .   .

319번 일을 하며 만나는 사람들과 겪는 갈등과 발생할 수 있는 사건·사고는 무엇일까? 그 일을 직접 해보지 않아 모르지만 상상해 본다면!

20 . . .

323_277

내가 319번 일을 시작한다면 언제쯤(시작한 지 몇 년, 나이) 그만두게 될까?
그리고 그만두는 이유와 방법은? 내가 이 직업으로 사는 것도 괜찮을까?

대한민국 20대에게 묻는다!

삼사십대의 직업을 고민할까?
직장 구하는 것이 우선일까?

2장의 질문은 군인이라는 특수한 신분에서나 상상하고 고민할 수 있는 질문들이다. 현실로 돌아가면 직업들에 진입하기가 어렵지, 진입 후의 일들에 대한 상상은 사치일 수 있다. 기성세대가 청년 세대에 미안해야 할 부분이기도 하다.

20 . . .

'대기업 사원, 언론 · 방송인, 의료인, 법조인, 회계 · 변리 · 건축사 등 전문직' 가운데 그래도 내게 어울릴 하나를 선택해 보자. 시작과정, 우여곡절, 기쁨을 써보면!

325 _275

20 . . .

삼사십대 내가 324번 일을 하면 수입, 만족, 행복, 자부심, 보람…. 어떤 것이 있을까?

20 . . .

326_274

324번 일하며 경제적 여유도 생겼는데, 무료하기도 하고 게을러지기도 하고 유혹도 생기고….
스트레스 등 애로사항이 생길 수도 있을까?

327 _273

20 . .

324번 일은 많은 사람을 만나고 경쟁도 치열할 텐데, 만나는 사람과 겪는 심각한 갈등을 상상해보자. 그리고 생길 수 있는 위기는 어떤 것이 있을까?

20   .   .   .

328_272

324번 일은 언제쯤(시작한 지 몇 년, 나이) 그만두게 될까?
그만두는 이유와 방법은? 삼사십대 내가 이 일을 하면서 사는 것은 어떨까?

329 _271

20 . .

어떤 일을 할 때, 치밀하게 계획 준비하고 시작할 것인가? 목적·목표·기본 계획 등 뼈대를 계획한 후, 진행하면서 수정 보완할 것인가?

일을 시작하는 데 있어서 중요한 선택이다. 완벽하게 준비하더라도 계획대로 되는 것은 아니며 시작이 어려울 수 있다. 치밀한 계획 없이 일을 시작하면 예상치 못했던 걸림돌을 만나기도 한다.

과거에 주목받던 직업이었는데, 지금은 외면받는 직업은? 과거에는 인기가 없었는데 지금은 선호하는 직업은? 근래 많은 청년이 앞다퉈 줄 서는 직업이지만 10년, 20년 후에는 없어지거나 꺼리는 직업도 있으려나? 요즘 구인난에 허덕여 청년들이 지원하지 않지만 10년 후, 20년 후 인정받을 직업은 무엇일까? 나는 어떤 선택을 할 것인가? 10년 후, 20년 후 내 나이는….

330_270

20 . . .

'사회복지 · 상담, NGO활동(자선 · 국제기구 · 환경 등), 경찰, 소방, 교도, 경비, 종교인' 하나를 선택하면 주위 반응과 시작과정, 우여곡절은 무엇일까?

20 . . .

331_269

삼사십대 내가 330번 일을 하면 보람, 만족, 자부심, 행복, 즐거움은 무엇일까?

332_268

20 . .

330번 일을 시작한 후 슬럼프를 겪는다. 힘들기도 하고 사명감도 떨어지고 유혹도 생기고…. 심지어 내가 왜 이 일을 하고 있지? 상실감을 느끼기도 한다. 그런 상황을 글로 옮겨보자!

20 . . .

333_267

330번 일을 하면서 동료, 나 스스로와의 갈등은 무엇일까?

돌발적으로 생길 수 있는 사건·사고·위기는 어떤 것이 있을까?

334 _266   20 . .

사명감과 자부심으로 330번 일을 시작했지만 언젠가 그만둘 때도 오겠지! 그 시기는 언제쯤(시작한 지 몇 년, 나이) 일까? 그리고 그만두는 이유와 방법은? 내가 이 일을 하는 것은 어떨까?

20 . . .

335_265

삼사십대 '창작활동(예술·음악·미술·문학 등 문화), 예체능(운동선수·배우·가수·공연·연극·영화 등)' 관련 일을 시작하는 과정과 기쁨을 글로 옮겨보자!

336_264   20 . .

335번 창작활동 또는 예체능 관련 일을 시작하며 느끼는 즐거움, 보람, 수입, 만족, 행복 등 얻는 것은 무엇일까?

20 . . .

창작활동 또는 예체능 일을 하면 폼나고 주위 부러움도 있지만,
나름 매너리즘에 빠지기도 하고 유혹도 생기고 스트레스도 받지 않을까?

338 _262   20   .   .   .

창작활동 또는 예체능 관련 일을 하면서 같은 세계의 종사자와 겪는 심각한 갈등(라이벌, 파벌 등)을 상상해 보자. 생길 수 있는 위기는 어떤 것이 있을까?

20   .   .   .

창작활동 또는 예체능 관련 일을 한다면 어쩌면 세상을 떠날 때까지 그 일을 할지도 모른다. 만약 그만둔다면 이유는 무엇일까? 내가 이 일을 하며 살아도 좋을까?

340 _260 20 . . .

하루 벌고 하루 쓰며 그럭저럭 살 수도 있고, 1년 벌어서 즐겁고 신나게 한두 달 지내고…. 아니면 장기계획으로 돈을 모을 것인가?

아르바이트 최저임금만으로 생활할 수 있는 사회다. 일은 내 삶에 어떤 의미일까?

20 . . .

삼사십대 직업에 대한 생각을 정리해 보면! 내가 직업을 선택할 때 고려해야 할 것은?

지구별 내 임무와 직업은 어떤 관련이 있을까?

어릴 때는 빨리 어른이 되고 싶어 했는데…. 어른들은 '10년만 젊었어도….' 아쉬워한다. 지금 나는 어디쯤 있는 것일까? 더 나이 들기를 원하는 것도 아니고 어린 시절로 돌아가고 싶은 것도 아니고! 어른들의 이야기처럼 나도 이십 대 지금을 그리워할 나이가 될까?

3. 단독으로 임무를 수행할 것인가? 동조자를 찾을까?

작전을 수행하는데 혼자 하는 것이 효율적일 때가 있고 잘 맞는 팀이 유리할 때도 있다. '지구별 임무'를 수행하는데 동조자를 찾는다면 가족 특히, 배우자가 가장 확실할 것이다. 손발이 척척 맞는다면!

배우자를 선택할 때 '긍정적인 것만 봐라!' 했던 시절도 있다. 단점을 보면 부정적으로만 보이니 장점만 보라는 것이다. 결혼하지 않고 평생 혼자 지낼 수도 있고, 결혼하더라도 자녀 없이 부부만 생활할 수도 있다.

3장 주어진 설정 내가 주인공이다. 그 삶을 살아보자! 다양한 조건으로 살아볼 수 있어서 다행이다. 그 상상 속에 '내가 살아야 할 삶을 찾는다.'면 최고의 군대 생활이다.

상황설정이 여성비하라 항의 없기 바란다. '이십 대를 걷고 있는 딸에게' 제목으로 자기계발서를 쓴다면 반대의 상황설정을 할 것이다. 또한 비혼(非婚)은 상황설정에서 제외했다. 취업난, 젠더, 페미니즘 등 다뤄야 할 것이 방대한 것도 이유다.

20 . . .

한국 보통 남성의 생애주기(life cycle)를 구체적으로 써보자.
시기별 나를 대입하면 나도 그렇게 살 것 같은가? 아니면 조금 다른 삶을 살까?

343 _257

20 . .

이성 친구 또는 배우자 선택기준을 중요한 것 먼저 순서대로 써보면! 이성 친구와 배우자 따로 선택기준을 정해도 좋고 같아도 좋다!

우리나라 예비부부들은
결혼식 준비에 많은 노력과 시간·돈을 쓰지만,
정작 결혼을 준비하는 경우는 많지 않다!
실제 준비해야 할 것은 '결혼' 아닐까?

344 _256

20 . . .

내가 만나는 여자친구! 얼굴 예쁘고 키 크고 몸매도 좋고 집안에 재력도 있는데, 게으르고 말이 거칠며 정직하지 않다. 질투도 심한데 이 여자친구와 결혼?

결혼하면 여자친구가 좀 바뀔까? 이 여자친구와 결혼한 것을 가정해 벌어지는 일을 상상해 글로 옮겨보자!

20 . . .

결혼까지 생각하는 여자친구! 예쁘고 키 크고 몸매도 좋고 집안에 재력도 있는데, 까탈스러우며 날카롭다. 급한 성격에 조급 · 초조 · 참을성도 없다. 어떡하지?

악처와 양처

현모양처를 이상적인 배우자라 했다. 그러나 반드시 그런 것만도 아닌 것 같다.

성공한 인생. 위인으로 평가받는 소크라테스, 모차르트, 톨스토이….

모두 알아주는 악처가 곁에 있었다.

어쩌면 악처를 만드는 것도 남자고 양처를 만드는 것도 남편 아닐는지?

20 . . .

여자친구가 얼굴도 예쁘고 키 크고 몸매도 좋고 집안에 재력도 있는데, 완벽을 추구하며 지나치게 간섭한다. 결벽증에 감정변화가 너무 심해 불편하다. 어떻게 하지?

성격은 상대적일까? 조화롭게 살 수도 있고 하루하루가 전쟁? 장점만 보고 살 수도 있으려나?
상상으로라도 이런 여성과 결혼해 보자! 내 결혼생활은 어떻게 펼쳐질까?

347 _253   20 . . .

만난 지 1년 된 여자친구! 예쁘고 키 크고 몸매도 좋고 집안에 재력도 있는데, 부정적인 말투에 말을 함부로 한다. 사람을 대할 때 차갑다. 차차 바뀔까?

남자든 여성이든 바뀔 수 있는 부분이 있고 바꾸기 힘들거나 불가능한 부분도 있지 않을까?

20 . . .

입대하기 전 오래 만난 여자친구! 예쁘고 키 크고 몸매도 좋고 집안에 재력도 있는데, 조금도 손해 보지 않으려 하며 인색하다. 욕심도 많다. 내가 다 양보하면 괜찮아질까?

이런 여성과 군인시절 상상 속에서 결혼해 보는 거다! 어쩌면 실제 만날 수도 있고

349 _251

20 . .

내 여친은 예쁘고 키 크고 몸매도 좋고 집안에 재력도 있는데, 짜증과 화를 자주 내며 감정조절이 잘되지 않는다. 받아들이기 쉽지 않은데 계속 만나야 하나?

이런 여성과 교제를 하고, 결혼생활을 하면 무엇이 문제일까?

20 . . .

소개로 만난 여성! 얼굴 예쁘고 키 크고 몸매도 좋고 집안에 재력도 있는데,
진지하지 않으며 매사 건성건성, 감각은 무디며 고집은 세고 겁도 많다. 그만 만나야 하나?

내 얼굴 태어날 때부터 이렇게 생긴 것처럼, 내 짝 성격도 운명처럼 받아들일 수 있을까?

엄마 친구의 딸! 얼굴 예쁘고 키 크고 몸매도 좋고 집안에 재력도 있는데, 지배욕도 있고 시키려는 경향이 있다. 주장이나 일을 강요하기도 한다. 나와는 안 맞을 것 같은데….

옛날 남녀의 혼인에 사주를 봤다고 하던데, 이런저런 것들 맞나 알아본 것은 아닐까? 성격을 데이터화 해서 혼인생활의 정도를 통계로 만들 수 없을까?

20 . . .

결혼을 전제로 만나는 여자친구! 얼굴 예쁘고 키 크고 몸매도 좋고 집안에 재력도 있는데, 독단적이며 충동적이다. 오만 교활하며 과장이 심하다. 결혼하면 바뀔까?

어떤 여성을 평가할 때 나에게만, 어떤 상황에서만 그렇게 보이는 것은 아닐까?

모든 사람에게, 모든 상황에서도 그런지 단정지을 수 있을까?

353 _247

내가 만나는 여성! 예쁘고 키 크고 몸매도 좋고 집안에 재력도 있는데, 비판 부정적이며 의심증이 과하다. 조롱하거나 비아냥 비웃기를 자주 한다. 무엇이 문제일까?

여성은 여성이 보아야 제대로 볼 수 있고, 남자는 남자가 보아야 제대로 평가할 수 있다고 하던데?

20 . . .

결혼은 미친 짓이다! 인생의 무덤이다. 결혼하지 않고 평생 혼자 사는 나를 상상해 본다. 하고 싶은 것 마음껏 하고 자유롭게 살까?

355 _245

정말 좋은 여성을 만났다! 어쩌면 그녀를 만나기 위해 지금껏 혼자였는지 모른다. 그런데 어떻게 해야 하지? 그녀가 나를 좋아하게 할 방법을 모르겠다.

마음 아릴 정도 누군가를 사랑한다는 것! 젊은 날 특권 아닐까? 상대의 마음을 헤아리는 것, 여성의 언어를 아는 것 세상살이 필수다!

20 . . .

지금 내가 만나는 그녀! 많이 가까워져 서로를 많이 알게 되었다.
그런데 사회를 보는 생각, 삶에 대한 가치관이 많이 다르다. 서로 접점을 찾아야 하나?

357 _243

20 . . .

양쪽 식구들도 다 알고 지내는 여성! 격의 없이 지내는데, 여러 가지 이유로 대화가 되지 않는다. 듣지 않고 말하려고만 한다. 진지하지도 않고…. 내가 바뀌어야 하나?

20 . . .

내 짝은 나와 정반대의 정치성향이며 편견을 갖고 있다.
지지하지 않는 정치인들을 적으로 생각한다. 존중해줘야 하나?

359 _241 20 . . .

결혼을 약속하기는 했는데…. 그녀와 삶의 목표, 공동의 목표가 많이 다르다. 경제적 풍요롭게 사는 것이 최우선이라고 하며 아이도 갖지 말자고 한다. 그녀에게 맞춰 살아야 하나?

20 . . .

360_240

부유한 환경에서 성장한 그녀는 경제적 우월감이 있다. 이기적이며 과시하려는 경향도 있는데 자존심 상할 때도 있다. 내가 열등감을 갖고 있는 것일까?

안중근 의사의 어머니가 옥중에 있는 아들에게 보낸 편지

"장한 아들 보아라!
네가 어미보다 먼저 죽는 것을 불효라고 생각하면
이 어미는 웃음거리가 될 것이다.
너의 죽음은 한 사람 것이 아닌 조선인 전체의 공분을 짊어진다.
네가 항소를 한다면 그건 일제에 목숨을 구걸하는 것이다.
나라를 위해 딴 맘 먹지 말고 죽으라. 대의를 위해 죽는 것이 어미에 대한 효도다.
아마도 이 편지는 어미가 쓰는 마지막 편지가 될 것이다.
네 수의를 지어 보내니 이 옷을 입고 잘 가거라.
어미는 현세에서 재회하길 기대하지 않으니
다음 세상에는 선량한 천부의 아들이 되어 이 세상에 나오너라."

훌륭한 인물 뒤에는 영향을 주었던 분들이 반드시 있는 것 같다.
안중근 의사의 어머니 조마리아도 그런 분이었다.
보통의 생각으로, 부모보다 먼저 떠나는 자식은 '가슴에 묻는다'고 했는데….
안중근 의사 어머니의 대범함과 현명함을 엿보게 하는 편지다.

20 .   .   .

361_239

조만간 결혼할 내 짝! 청소·정리정돈을 잘 하지 않으며 비위생적이다. 가사일 내가 다 해야 하나? 청소·빨래·설거지…. 내가 깔끔한 것도 아닌데!

362_238 20 . . .

결혼 날짜도 잡았는데 그녀는 고가명품만 고집하며 허세가 심하다. 결혼하면 내 허리가 휘어지지 않을까? 걱정이다!

20 . . .

363_237

성형한 것은 알고 있었지만, 외모에 지나치게 신경 쓰는 그녀! 공주 모시듯 살아야 할 것 같아 부담스럽다. 옷과 신발이 넘쳐나는데도 쇼핑에 여념이 없다.

364_236   20 . . .

요리도 못하고 집안에 음식 냄새가 배는 것에 민감한 그녀! 가능한 외식하자는데, 내가 요리도 배우고 환기 잘되는 집으로 이사해야 하나?

20 . . .

식사를 같이 맛있게 하는 것도 즐거움인데,
그녀는 몸매를 위해 끼니를 자주 건너뛰며 그 때문인지 변비도 심하다. 평생 이렇게 살아야 하나?

366_234   20   .   .

채식주의자도 아니고 환경운동가도 아닌 그녀! 가공식품·수입농산물·친환경 유기농….
먹는 것 무척 까다롭다. 100년을 살 것도 아닌데 이것저것 따져 먹어야 하나?

20 . . .

367_233

결혼 1년이 되었다! 그녀는 코를 심하게 골며 잠버릇도 고약하다. 아침에 일어나면 푹 자지 못해 몽롱하다. 방을 따로 써야 할까? 대책이 없다!~

368_232   20   .   .

결혼 전 아내가 조금 연약한 것 같다고 생각은 했지만, 생각보다 더 약골이며 잔병치레가 많아 걱정이다. 보약을 준비해야 하나 주거환경을 바꿔야 하나?

20 . . .

아내는 걷는 것을 무척 싫어한다! 허리와 무릎이 좋지 않은 것은, 운동 부족 비만 때문이다.
더 나이 들면 만성질환으로 고생할 텐데….

370 _230

결혼 전에는 몰랐는데 처가에 가족력이 있는 질병이 있다. 아내가 숨기려 한 것은 아니었지만 조금은 당황스럽다. 아직 아이가 없지만 유전병이 걱정도 되고….

20 . . .

아내의 난치병!

아내의 건강에 무관심했던 나 때문인 것 같아 많이 괴롭다. 장인장모께 많이 송구하다.

372_228 20 . . .

아내와 나의 식생활에 문제는 없을까? 지나치게 많은 가공식품과, 인스턴트, 육류 위주의 식생활!
꼬박 챙겨주는 것만도 고마운데 이렇다 저렇다 말하기가 곤란하다.

20 .   .   .

373_227

일부러 감추려 했던 것은 아닌데, 결혼까지 약속했던 여성이 있었다는 것을 내 짝이 알게 되었다. 꿍하여 며칠째 대화가 없다. 어떻게 해야지?

374 _226 20 . . .

결혼 3년 만에 아빠가 되었다! 예쁜 딸이 생겨 좋기는 한데 아내가 고생이 많았다. 예쁘다며 주위 사람들 온통 아기에게만 관심이다. 소외감 느끼지 않을까 걱정이다.

의외로 많은 산모가 산후 우울증에 힘들어한다. 밤과 낮을 바꿔서 울어대는 아기 돌보기 또한 쉬운 일이 아니다.

20 . . .

아내가 아무리 전업주부라 하더라고 집안일 힘들지 않을까? 아이 둘 돌보랴 가사일 전담하랴.
아내는 아무 말 하지 않지만 내가 더 적극적으로 도와야 하지 않을까?

아내와 형수 갈등이 깊다. 형수가 아내보다 나이 어린 것이 문제는 아니다. 재산 상속에 대한 생각이 많이 다르다. 형수는 더 가져야 한다고 아내는 공평하게 나눠야 한다고…. '우리가 모은 재산도 아니지 않냐.' 라고 설득해도 감정 문제로 확대된 것 같다.

다른 상황을 설정해 생각을 글로 옮겨보자! 내 부모, 친정 형제와 재산 관련 갈등

20 . . . **377**_223

아내의 광신적 종교생활이 맹신에 가깝다.
집안일은 뒤로하고 지나칠 정도 시간과 돈을 쓴다. 어떻게 해야 할지 모르겠다.

378 _222

20 . .

우리 부부 잠자리에 문제가 있다. 같은 침대를 쓰는데 관계를 거부하는 진짜 이유를 모르겠다. 부부 클리닉 상담해야 하나?

남자는 섹스를 통해 상대와 사랑을 느끼려 하고 여자는 반대로 상대와 사랑을 느꼈을 때 섹스를 한다. 맞는 말일까? 부부 클리닉을 운영하는 정신과전문의 말을 빌리면 '내 몸에 배설한다고 느끼는 여성'이 많다고 한다.

20 . . .

379_221

친구 · 직장동료 · 업무관련자와의 모임 회식 등에 아내는 불만이 많다.
왜 빨리 귀가하지 않냐 수시로 전화 온다. 집에 가도 특별히 일도 없고 잔소리만 하면서.

380 _220 20 . . .

나는 돈 벌어오는 하숙생 같다! 퇴근해도 현관에 나오는 것은 애완견 토토 말고는 없다. 고등학생 딸과 중학생 아들 엄마와만 대화한다. 여행도 셋만 가고

20 . . .

아내는 부모님·누나·동생이 여전히 편치 않은 것 같다. 집안 대소사 있을 때마다 느낄 정도다. 조만간 부모님과 같이 사는 것에 대해 이야기 나눠야 하는데.

또는 처부모의 지나친 간섭을 상상하여 어떻게 하는 것이 좋은지 글로 옮겨보자.

382_218   20   .   .

내 짝 사회생활이 조금은 지나치다. 자전거 동호회, 고등학교 동창모임, 학부모 모임…. 주말 휴일 대부분 시간을 밖에서 보낸다. 지나친 거 아닌가?

20   .   .   .

다른 부부들은 취미생활 같이하며 부부 사이 더 좋다고 하는데 우리 부부에겐 꿈같은 일이다.
취미가 전혀 다르니…. 접점을 찾을 방법이 없을까?

384_216　　　　　　　　　　　　　　　　　20　.　.　.

아들과 딸은 나에게 꼰대 같다고 한다. 중2 딸은 스마트폰, 연예인에 빠져있고 6학년 아들은 게임과 인터넷에 몰두한다. 바른 생활습관. 책 읽자. 공부해라…. 잔소리로만 듣는다.

20 . . .

거짓말 자주 하는 초등학교 5학년 아들! 대체 이 아이의 거짓말 습관이 어떻게 생겼는지 모르겠다. 좋지 않은 친구들과 어울리는 것도 걱정이고…. 어떻게 해야 하지?

386 _214

20 . . .

공부와 담쌓은 중학교 2학년 딸이 남자아이들과 지나치게 어울리는 것 같다. 초등학생일 때는 그러지 않았는데 사춘기 시작되면서 남학생과 자주 어울린다. 공부는 둘째 치고 걱정이다.

20   .   .   .

짝과 단둘이 사는 것도 좋은 선택일까? 교육비 · 의료비 · 양육비…. 경제적 부담도 없고, 무자식이 상팔자라고 하지 않던가! 속 편하게 혼자 사는 것도 좋을까?

388 _212

20   .   .   .

나와 성격 · 행동이 똑같은 아들이 초등학교 6학년, 중학교 2학년, 고등학교 2학년 무렵 나와 어떻게 지낼까? 군복무 아들에게 뭐라 말할까? 10 · 20 · 30년 후 상상해 보기

20 . . .

내 짝과의 갈등이 생긴다면 어떤 이유일까? 그리고 그 해결방법은 무엇일까?
짝이 어떤 사람이냐에 따라 다르겠지만, 내가 나를 냉정하게 생각해 상상해 보자.

어떤 갈등이 생기더라도 언어·물리적 폭력은 남자의 태도가 아니다!

390 _210

20 . . .

한국에서 '좋은 아버지'로 산다는 것! 매우 어려운 일일 수 있다. 내가 아빠, 아버지가 된다면 좋은 아버지가 될 수 있을까? 좋은 아버지란?

내가 아는 분 가운데 좋은 아버지 한 분을 생각하며 정리해 보자.

20 . . .

391_209

내가 반드시 피해야 할 여성은 어떤 여성일까?

어떤 여성을 만나면 불행해지며, 인생이 꼬일 것인가? 순서를 정해보자.

앞에 내가 적은 344~366 정리해 보자! 「343 내 기준」은 있으면 좋고 없어도 그만인 보너스는 아닐까?

392 _208

20 . . .

내가 가정을 갖는다면? 아내와 어떻게 지내고 아이들은 어떻게 교육하고, 가정을 잘 돌볼 수 있을까?

좋은 아내, 착한 아이들을 만나려면 먼저 내가 착한 남편이고 좋은 아빠여야 하지 않을까! 아주 평범한 진리이나 쉽지 않은 과제다!

4. 임무 수행에 필요한 돈은 어떻게 마련하지?

살면서 돈이 필요한 것은 분명하다. 그러나 돈이 내 인생을 끌고 간다면, 좌우한다면 좀 그럴 것 같다. 내가 사는 데 얼마의 돈이 필요할까? 그 돈은 어떻게 조달할 것인가? 돈은 무엇을 위해 필요한 것인가? 돈에 대한 가치관 정립이 필요하다.

평생 돈만 벌다 떠난 사람도 있고, 돈 많이 벌어놓고 써보지도 못한 채 떠난 사람도 있다. 쓰기 위해 버는 것 아닐까? 돈은, 버는 것만큼 쓰는 것도 중요하지 않을까? 돈 잘 쓰는 방법 어떻게 길들까?

20 . . .

가난한 집에 태어나 성공했다는 이야기는 많이 들었으나, 재벌 2세로 태어나 행복했다는 이야기 들어본 적 없다. 내 경제적 태생 환경을 어떻게 받아들일까?

'헬조선' 이라는 단어가 생겼다. 경제적 장벽이 그 이면이다. 예전처럼 '개천에서 용 나는' 상황은 없을까?

394_206 20 . .

내 인생에 돈은 무엇일까? 돈에 대한 입장이 정리되면, 지구별에서의 임무가 비교적 순조롭게 수행될 것이다. 삼사십대 나에게 돈은 무엇인가?

사전적 의미가 아니라 '돈에 대한 태도'를 말하는 것이다.

20 . . .

395 _205

내 인생에 얼마의 돈이 필요할까? 계산해 보자!

적절한 계획인가? 빠뜨린 것은 없나? 과하거나 부족한 것은 없는가? 304번 질문의 돈과 비교해 보면?

396 _204

20 . . .

내 인생에 필요한 돈! 그 금액의 반만 있다면, 전체 비율로 줄일 것인가? 아니면 어떤 항목을 줄일 것인가? 후일 어찌 되겠지 나중의 것을 줄일 것인가?

돈을 줄인 그 기준을 찬찬히 생각해 보자! 적절한 방법일까? 사는 동안 돈이 부족할 때를 분명 만나게 된다. 때에 따라 쩔쩔매기도 하고 절망이 다가오기도 한다. 여윳돈이 있어야 하는 이유다!

20 . . .

397_203

'내 인생은 한 푼 없이 빈손에서 시작한다!'

누구의 도움 없이, 경제적 자립과 아쉽지 않을 만큼 돈을 모은 40대 자랑스러운 나를 그려본다!

398_202   20   .   .

남들이 부러워할 정도 많은 돈을 벌었는데, 행복하지 않은 사십 대 상상이 될까?

병영일기 2권이 소설을 쓰는 것이라 했지만 20대 군인으로 불가능한 상상일 수 있다! 그래도 상상해 본다.

20 . . .

399 _201

어떤 방법으로도 돈을 벌기만 하면 될까? '어떤'의 기준은 무엇일까? 법 · 양심 · 체면….
범법 행위만 아니면 어떻게든 돈을 벌어도 문제없을까?

시간 · 노력 · 실력의 결과가 아닌 돈 떳떳할까? 귀천 따지지 않고 돈을 버는 것과 품격 있는 돈 아무래도 상관없을까?
옳지 않은 방법으로 돈을 버는 정도! 그 사회의 수준일까?

400 _200

20   .   .

벌고 쓰고 또 벌고 쓰고…. 내게 이런 수입지출이 맞을까? 아니면 지출을 최소화하고 악착같이 목표액의 돈을 모은 후, 쓰는 삶을 살 것인가?

미국 파이어족 – 악착같이 벌고 아껴 쓰고 돈을 모아 40대에 은퇴해 즐기는 삶! 그들의 삶은 궁상맞을 정도로 절약한다. 그럴듯한 삶일 것도 같은데….

20 . . .

401_199

어떻게 돈을 쓸 것인가? '호주머니 사정에 맞춰 돈을 쓰는 것'이 보통 지출습관이다.

어떻게 돈을 관리할 것인가는 중요한 결정이다.

저축 · 적금 · 보험 · 투자 · 재테크 등 나의 삼사십대 돈 관리는?

돈보다 더 중요한 시간 어떻게 관리할 것인가의 훈련도 필요하다.

삼사십대 갑자기 큰 지출이 생긴다면 어떤 일에 어느 정도의 돈이 필요할까? 그런 일을 맞닥뜨리면 나는 어떻게 대처해야 하나?

사전적 의미가 아니라 '돈에 대한 태도'를 말하는 것이다.

20 . . .

403_197

내 명함 이름에 붙은 호칭이 내가 필요한 만큼 돈을 벌게 할까?

404_196

돈에 맞춰 살아갈까? 내 삶에 맞춰 돈을 벌까?

이론적으로는 쉽게 답할 수 있으나 현실로 돌아오면 어려운 답이다. '내가 원하는 만큼 돈을 벌 수 있을까?' 라는 현실! 404 질문은 상상하기 어렵지만 매우 중요한 과제다.

20 . . .

405_195

돈을 정말 유용하게 쓰는 사람, 누가(그 사람이 나를 알든 모르든) 있을까?
그 사람의 돈 쓰는 방법에 대해 글로 옮겨본다.

돈이 많으면서 인색한 사람, 이유가 있을까?

돈이 많았던 적이 없어 쉽지 않지만, 소설의 자유로움!

20 . . .

407_193

부자들의 공통적 습관은 무엇일까?

20   .   .

자기 돈 아니라고 함부로 헤프게 쓰는 것은 큰 죄다! 부모님에게 받은 돈이든 회삿돈이든 세금이든…. 그 돈을 위해 누군가는 피나는 노력을 했다! 나는 어떻게 썼나?

대한민국에 합법적인 범죄자가 많다! 나랏돈을 함부로 쓰는 사람들이다. 내 돈이 아니라면 쓸 권한이 있더라도 함부로 쓰면 안 된다. 군대 보급품, 식사, 시설…. 누군가 피땀 흘려서 낸 세금이다.

20   .   .   .

409_191

'가난'의 뜻과 기준은 무엇일까?

성인, 철학자 등이 가난한 사람을 도와야 한다고 강조하는 이유는 무엇일까?
오히려 부자들은 가난한 사람을 상대로 돈을 벌고 있는데….

410_190

20   .   .

'바쁘면 좋은 것'이라 격려와 응원한다. 매일 바쁘다! 정말 바쁘게 살아야 하나? 삼사십대 '돈 벌기 위해' 무척 바쁜 내 모습은?

20 . . .

나의 삼사십대! 돈 때문에 비굴해지거나 돈에 굴욕적이거나 자존심이 뭉개지는 상황도 있을까?

돈이 없어 쩔쩔매는 상황도 있을까?

돈을 무기로 사용하면 한없이 강하지만, 비인간적이며 비굴하기도 하다.

412_188

20 . . .

어떤 돈을 만날 것인가? 돈을 속물이라 경계하는 사람도 있고, 노력과 실력의 결과라는 사람도 있다. 어떤 돈을 만나느냐는 매우 중요하다!

성실한 돈 고귀한 돈, 추한 돈 타락한 돈! 돈이 있으면 편리하지만, 돈 때문에 갈등과 위험이 다가오기도 한다.

삼사십대 돈에 대한 생각 차분히 정리해 보기!

5. 씨피(Command Post)는 어디로 정할까?

지구별에 머무는 동안, 잠자고 쉴 수 있는 공간이 필요하다. 안전하게 잠을 잘 수 있어야 하며 편안히 쉴 수 있어야 한다. 그런 의미에서 '집'은 임무 수행에 중요한 역할을 한다.

살 곳을 먼저 정할 것인가? 내 인생 목적·목표에 적합한 곳에 살 것인가? 이성적인 판단으로는 후자가 맞겠으나 실제 그러는 경우는 매우 적다. 한국에서는 더 그렇다. 직장을 기준으로 살 곳을 정하고 그곳에서 짝도 만나고 가정도 이룬다. 나쁘다고 할 수는 없지만, 뭔가 논리적으로는 맞지 않은 것 같기도 하다. 내 살 집에 대한 고민과 상상을 해보자!

20   .   .   .

아는 집 가운데 '살기 가장 좋은 집'은 어딜까? 내가 살았던 집이어도 좋고, 지인의 집이어도 좋다. 왜 그 집이 내가 살기에 좋다고 생각하는지 글로 옮겨보자.

414 _186   20 . . .

내가 살았던 집 가운데 불편했던 집도 있을까? 인문환경(이웃·소음·교통 등), 건축 환경(방향·구조·넓이·높이 등), 자연환경…. 무엇이 어느 정도 불편했었나?

'내가 입었던 옷 가운데 불편했던 옷은 어떤 것이었지?' 기억하기 힘들 것이다. 그냥 입었기 때문이다!

집도 그러지 않았을까? 그러나 찬찬히 생각해 보면 '편하지 않았던 공간'은 분명 있었다.

20   .   .   .

어떤 집을 마련할 것인가? 내 가족·가정이 행복할 공간을 만들 것인가?
나중에 돈이 될 집을 구입할 것인가? 둘 다라면 좋겠지만 무엇이 우선인가?

기성세대가 집을 돈벌이 수단으로 바꿔버려, 우리 세대 청년들 집 마련이 어려워진 것 아닐까?
나에게 집은 무엇인가? 집에 대한 생각을 정리해 보자.

416_184 20 . . .

'내가 살 집' 어떻게 마련할 것인가? 맞는 집을 찾고 임대할 것인가, 구입할 것인가, 적합하게 지을 것인가?

20 . . .

417_183

대한민국에서 소설 같은 이야기일 수 있다.
'아주 작은 집에 가난하게 살면서 행복한 나의 삼사십대!' 내가 그 주인공이 되어 상상해 보자!

418 _182

삼사십대 내가, 우리 가족이 살 집을 임대하거나 구입하거나 짓는다면 무엇을 고려해야 할까?

현대 풍수지리 명당 맞나? - 左교통 右교육 南이웃 北자연

짜장면과 짜장그릇

중국집에서 짜장면을 먹는다. 짜장면 그릇이 마음에 들지 않는다고 불평하거나 주인에서 항의하는 일이 얼마나 있을까? 짜장면이 중요할까, 그릇이 중요할까? 물론 먹는 사람에게는 짜장면이 중요하고, 요리하고 이동하는 중국집 주인에게는 짜장면 그릇이 더 중요할 수도 있지만.

가족이 중요할까? 집이 중요할까? 건축·부동산업자에게는 집이 중요할 수 있다.
가정·가족을 담는 그릇으로써 집을 생각해 본다.
대한민국 사회가 무엇 때문에 집의 기능이 변질되었을까?
집 크기·가격에 민감하기보다 내 가정·가족의 행복을 담는 그릇을 꿈꾼다!

419 _181

20   .   .   .

내가 대한민국 외 다른 나라에 산다면, 어느 나라일까? 그 나라는 살만한 곳인가?

문화, 언어·소통, 자연환경…. 지구별에서의 내 임무 수행에 적합한 곳인가? 외국에서 사는 모습 소설로 써보기!

20 . . .

나와 내 가족이 살 도시의 규모는 어느 정도면 적당할까? 농어촌 · 소도시 · 중도시 · 대도시···.
어떤 장단점이 있을까? 구체적인 지역을 정해보는 것도 좋겠다.

ID # **421**_179 20 . . .

임무 수행 지역에서 가족을 만날 것인가? 가족이 만들어진 후 원하는 지역으로 옮길 것인가?
가족 모두의 문화생활 · 교육 · 혼잡함 · 편리함 등에서 살펴보면!

20 .   .   .

주거지의 위치는 무엇에 의해 결정할 것인가?
가격, 교통 등의 편리, 자녀교육, 문화생활, 재산적 가치 상승 기대….

주거 형태는 어떤 것이 적합할까? 단독주택, 연립 · 빌라, 아파트….

423_177   20   .   .   .

소유 형태는 어떻게 시작할 것인가? 임대, 대출에 의한 구입, 어느 정도 준비가 된 후 대출에 의한 구입, 주택자금을 완전히 준비한 후 구입

개인별·성별 차이가 있을 수 있다. '사는 동안 그래도 집 한 채는 있어야지.' '꼭 우리 집이어야 해? 맞는 집 빌려서 사는 것도 괜찮지 않나?'

20   .   .   .

424_176

살 곳을 짓는 것이 아니라 매입한다면 가장 먼저 고려할 것은 무엇일까?

고려할 것을 충족해 집을 매입했는데
층간 소음, 주차 갈등, 공동 공간 청결 등 이웃과 갈등이 생기면 어떻게 하지?

425 _175

20   .   .

옷을 맞춰 입지 않는 시대를 살고 있다. 살 집을 짓는 경우도 드물다. 삼사십대 내 주거에 대한 계획을 정리해 보면!

내가 살 집의 위치 · 규모 · 배치 · 형태…. 그림으로 또는 글로!

6. 지구별에서 만날 사람들

병영일기의 핵심 부분이다! 세상살이 중요한 것 하나가 '관계' 아닐까. 누구와 어떤 관계를 갖고 사는가? 선택할 수 있는 사람도 있고, 운명적으로 만나는 사람도 있다. 피할 수 있는 사람, 관계를 끊을 수 있는 사람도 있지만 그러지 못할 사람도 있다. 많은 사람과 관계 가지며 살 수도 있고 소수와 관계를 유지하며 살 수도 있다. 나는 누구와 어떤 관계를 가질 것인가?

세상 떠날 때까지 만날 관계를 나열해 본다! 가족·친구·이웃·친인척·일 관련·선배·은사·은인·멘토·후배·기타 모르는 사람…. 가족과 친인척은 운명적으로 만나지만 그 외 사람들은 선택권도 조금 있다.

어떤 사람을 만나느냐에 따라 인생이 확 달라질 수 있다. 좋은 사람 만나면 내 인생도 즐거워지나 나쁜 사람 만나면 내 인생은 불행할 수 있다. 좋은 사람 만나기 위해서는 내가 좋은 사람이어야 하지 않을까?

20   .   .   .

426_174

지구별에서의 내 임무와 '만남·인연'은 어떤 관계가 있을까?
만남·인연에 최우선으로 생각할 것은 무엇일까?

도움이 될 것인가 내 저울 위에 놓아볼 수 있지만, 만남·인연에 대한 계산은 깊이와 길이를 짧게 할지 모른다.
오히려 내가 도움이 되려 하면 결국 내 임무에도 도움이 되지 않을까?

427_173

20 . . .

좋은 사람, 필요한 사람과 어떻게 좋은 관계를 계속할 것인가? 내게 부족한 교제·처세방법 어떻게 보완할 것인가?

20 . . .

악취 나는 사람은 다가가기 불편하다. 품성의 냄새는 더 그러지 않을까? 만나면 좋은 사람,
마주하면 불편한 사람! 삼사십대 나는 어떤 사람일까?

예의 바르게, 기분 좋게, 재미있게 말하는 사람은 주위에 사람이 많다.
같은 말이라도 얄밉게, 기분 나쁘게 말하는 사람은? 나는 어떤 사람일까?

429_171

20   .   .

만나는 사람들에게 내 약점을 드러낼 것인가? 철저히 감출 것인가?

20 . . .

430 _170

만나면 기쁘고 만족스럽기도 하지만, 불만이 생기거나 화날 경우도 있겠다.
마주하는 사람에게 내 감정 어떻게 드러낼 것인가?

431_169

20 . . .

만나는 사람들에게 나만의 최대 강점, 비밀 병기는 무엇으로 할까?

20 . . .

432_168

내가 성형수술을 한다면 몸 어느 부분을 어떻게 바꿀까? 강렬하게 보이기 위해 타투도 할까? 정말 고쳐야 할 대인관계 습관은 없을까?

433_167 20 . . .

감정이나 이해가 얽히고설키면, 오해가 생기면 어떻게 풀까? 풀릴 때까지 그냥 놔둘까 꿍하고 시간이 지나길 기다릴까? 먼저 다가갈까….

오해를 풀지 못해 소원해졌거나 인연이 끊긴 사람 떠올려 보자.

20 . . .

434_166

약속 상대를 기다리게 하는 경우가 많은가? 기다릴 경우가 많을까? 만남 · 인연이라는 관계에 있어 어떤 영향을 줄까?

거스름돈 귀찮다고 버리지는 않는다! 그러나 자투리 시간을 버리는 경우는 많다. 시간이 돈보다 덜 소중할까? 자투리 시간 어떻게 쓸까?

435_165

20 . . .

많은 사람과 두루 폭넓은 좋은 대인관계! 적정한 사람과 깊은 유대관계! 나의 삼사십대 대인관계는 어떤 유형이 맞을까?

내 주위 사람들 대인관계 유형을 생각해 보자.

20 . . .

수없이 이어질 첫 만남! 나에 대한 설명 또는 어필을 어떻게 할 것인가?
한 번 만나고 영영 보지 않을 사람일 수 있고, 내 인생 소중한 인연일 수도 있다.

437 _163

20 . . .

설정 - 「삼사십대 어떤 사람을 알게 되었는데, 그분과 가족처럼 인연이 맺어졌다.」 과정과 즐거움 등 상상해 보기

20 . . .

미소를 띠며 만나거나 마주치는 사람은, 매우 좋은 장점을 가졌다.

나도 그런 첫인상을 가질 수 있을까?

굳은 표정의 첫인상을 호감으로 바꾸는 데는 노력과 시간이 필요하다.

거울 볼 때마다 나를 보며 웃는 연습은 어떨까?

439_161　　　　　　　　　　　　20　　.　　.

설정 – 「서로 모르는 둘을 소개했는데, 둘이 아주 가까워졌다! 나는 둘 관계를 질투하다 결국 둘 모두와 의절하게 되었다.」 실제 생길 수 있는 이야기 상상해 본다.

나는 세 사람 가운데 어떤 사람일 가능성이 많을까?

20 . . .

440_160

주는 사람에게는 사람이 많이 모인다. 돈 · 선물 · 기회 · 인적 네트워크 · 조언 · 즐거움….
지금까지 나는 누구로부터 무엇을 받았고 누구에게 무엇을 주었을까?

진심이 없는 경우, 거래에 불과하거나 얻기 위해 다가가는 하이에나와 같을 수 있다.

20 . . .

대한민국 거의 모든 남자는 군대 가기 직전, 친구 수 정점을 찍은 후 줄어들기 시작한다. 나도 그럴까! 뭐가 달라지는 것일까?

20 . . .

설정 - 「어느 날, 오래된 친한 친구가 종교행사(또는 정치집회)에 같이 가자고 한다. 내가 싫어하는 교단(정당)이다.」 나는 어떻게 대응할까?

443_157

20 . . .

설정 – 「돈거래로 친구와 갈등이 생겼다.」

20   .   .   .

설정 – 「사소한 문제로 친구와 소원해졌다. 먼저 손 내밀고 대화하는 것 미루다 보니 정말 멀어질 것 같다. 시간이 한참 지나 이제 화해하는 것도 어색할 것 같고….」

445_155　　　　　　　　　　　　　　　　　　　20　.　.　.

여럿이(친구 그룹) 우정을 나누는 것이 좋을까? 일대일 개별 우정을 나누는 것이 좋을까? '절친' 입장에서 나는 어떤 친구여야 할까?

내가 생각하는 절친은 누구며 나를 절친이라 생각하는 친구는 누굴까? 내가 친구라 말할 수 있는 사람 나열해 보자.

"그대에게 초의가 있는가?"

"어서 갑시다."
머뭇거리는 사공에게 초의스님이 또다시 재촉한다. 잿빛 하늘과 심상치 않은 남풍으로 심란한데, 스님의 다그침이 더 불안하다. 돛배로 제주섬 별도포구까지 가는 여정은 목숨 건 일이기에 예민하지 않을 수 없다.
'강진에서 뱃길 350리! 이틀이면 갈 수 있을까?'

초행길도 아니거늘 초의에게도 조바심이 다가온다. 상심한 친구를 생각하니 더욱 그러하다. 어둠으로 덮여가는 일몰이 조급함을 더한다. 칠흑 같은 밤, 여우별에서 추사의 모습이 보인다. 일엽편주의 위태로움보다 낙담한 친구가 먼저였다.

서울 부인에게 보낸 추사의 편지에는 음식투정이 유독 많다. 추사에게 부인 이씨는 투정을 받아줄 대상이자 정신적 지주였다. 그 부인이 제주 유배 3년 되던 해, 병으로 세상을 떠났다. 해남 대흥사 일지암에서 초의스님이 달려갔다. 흔들릴 것 같은 40년 지기의 마음을 잡기 위해서다. 산방굴사에서 여섯 달 불공을 드리며 상심한 친구의 마음을 다독였다.

우정을 말하려면 이 정도는 돼야 하지 않을까? '곤경에 처해 있는 나를 위해 목숨 걸고 아프리카 밀림으로 달려올 친구가 있을까?' 초의가 그랬다! 친구를 위해 그랬다! 나도 누군가와 초의 같은 우정을 나누면 좋겠다.

446_154

20 . . .

내가 알고 있는 – 후배들이 잘 따르는 선배, 친구들로부터 신뢰받는 친구, 선배들로부터 인정받는 후배! 각각 어떤 특징이 있을까?

나는 어느 쪽에 가까울까?

20 . . .

나는, 후배들이 잘 따르는 선배일까? 여유, 포용력, 리더십, 카리스마, 돈….
내게 부족한 것은 무엇일까? 좋은 후배들이 많아서 성공한 삶을 상상해 보자!

448_152

20 . . .

후배에게 받을 것은 많지 않다. 오히려 시간과 진심을 줘야 한다. 그런데도 후배에게 좋은 선배가 될 것인가?

20 . . .

이웃사촌이라는 말은 박물관 언어가 되었다. 오히려 사생활이 더 보호되길 바라는 것이 흐름이다.
내 이웃의 범위는 어디까지며 어떤 교류까지 가능할까?

450_150

20 . . .

사촌 육촌은 아주 가까울 수도 있고 아닐 수도 있다. 어디까지가 내가 생각하는 친인척의 범위일까?

혈연관계 위계에 집착한다고 꼰대라 치부할 것인가? 전혀 모르는 사람과도 관계를 갖고 사회생활 하는데, 친인척과 그런 관계를 가질 수는 없을까?

20 . . .

친인척과 명절 경조사 교류 기쁘게 할 것인가? 의무적으로 그도 아니면 단절할 것인가?

452 _148   20   .   .

친인척으로부터 도움을 받을 수도 있으나, 짐이 되거나 갈등이 생기는 경우도 있다. 이는 친인척 뿐 아니라 모든 만남에서 늘 존재한다. 친인척에 대한 내 생각은?

20   .   .   .

453 _147

일 때문에 만나는 사람! 가까워지기 위해 어떤 방법을 쓸까? 술자리 · 운동 · 선물 · 여행….

어떤 일이냐 어떤 상대인가에 따라 달라지겠지만 일이 잘 성사되기 위해 무엇인가 필요할 때도 있지 않을까?

나름 원칙이 필요하지 않을까?

20 . . .

내가 사회생활 하면서 일 때문에 만나는 사람과의 관계에, 부족하거나 부족할 것이라 예상되는 것은 무엇일까?

20 . . .

일과 관련하여 경쟁하는 사람에 대한 내 태도는? 직장 동료, 경쟁업체, 같은 일 경쟁자….

이기기 위해 냉정할 것인가? 수단과 방법 가리지 않고 이겨야 한다?

20   .   .

일과 관련하여 수시로 스트레스를 주는 사람(직장 사장·상사, 거래처, 발주자, 고객) 어떻게 대할까? 경제적인 것을 생각하면 일을 그만둘 수도 없고….

20 . . .

457 _143

일 관련 만나는 사람과는 주고받는 거래가 필연일 텐데,
손익계산에 나는 어떤 태도를 가질 것인가?

가능한 많은 이익을 얻어야 한다. 손해보지 않는 선에서 타협이 가능하다. 때에 따라 조금 손해를 볼 수도 있다.

458_142   20   .   .

설정 – 「입사 10년 차! 나름 인정받고 있다고 생각하는데, 어느 날 같은 업종 경쟁업체로부터 제안받았다. 연봉을 50% 더 주겠으니 회사 옮기라고⋯.

20 . . .

나를 필요해서 만나려는 사람이 있는데, 내가 얻을 이익은 없다. 어떤 태도를 취할까?

내가 필요해서 만나고 싶은 사람도 있을 것이다.
그 사람이 얻을 이익은 없는데 어떻게 만나자고, 도와달라고 설득할 것인가?

460_140   20   .   .

내 업무도 아닌데 자꾸 일 시키는 사장(또는 상사)님! 어떻게 대응해야 할까? 사적인 일을 요구할 때는 단호하게 거부할 것인가?

20 . . .

우리 사장(또는 상사)님은 거래 손님과 거래처에 인색한 것 같다.
당장 약간의 이익을 위해 잃는 게 많은 것 같은데! 내가 나서는 것은 주제넘은 일인가?

462 _138

20 . . .

겨우 일 가르쳐 주었더니 그만둔다는 직원! 13개월 근무하고 관두는 것이 유행 같은데 내게 문제가 있는 것일까?

20 . . .

설정 - 「장사 시작한 지 5년! 단골도 생기고 거래처와 신용도 쌓여 자리 잡는가 했는데, 직원이 급여를 올려달라고 그러지 않으면 그만두겠다고 한다.」

게다가 건물주가 임대료를 터무니없이 올리겠다고 한다! 어떻게 할까?

20 . . .

설정 – 「일에 대한 약속을 철저하게 이행해 성공한 나의 삼사십대」

일을 매개로 한 관계는 일에 대한 믿음. 흔히 말하는 신용이 중요하지 않을까?

20 . . .

일 관련 – 외국인 · 까탈스러운 여성 · 사회적 지위가 높은 사람 · 대가 지급에 인색한 사람을 만나는 경우 어떻게 대할 것인가?

466_134   20 . . .

계산적 관계! 거래하는 사람과 철저하게 이해관계를 유지할 것인가? 인간적 교류도 병행할 것인가? 후일 또 다른 인연으로 맺어질 것까지 생각할 것인가?

20 . . .

467 _133

같은 일을 하는 사람들과 만남은 어떻게 할 것인가?

업계 · 학계 · 학회 · 단체 · 친목 · 교류 모임에 어떻게 대응할 것인가?

일 관련 새로운 경향 · 기술 · 정보취득은 어떻게 할 것인가?

468_132   20   .   .

무엇인가 이룬 사람들의 공통점은 진심 어린 조언자가 주위에 있었다는 점이다. 성공까지는 아니더라도, 내가 잘살기 위해 객관적 조언을 받을 사람은?

어떤 선택의 기로에 있을 때 멘토링은 도움이 된다. 능력만 있으면 홀로 성공할 수 있던 시대도 있었으나, 다양 복잡한 시대에 그렇게 되기는 힘들다.

20 . . .

내게 어떤 멘토가 필요할까? 내가 아는 사람들을 나열해 장차 도움을 청할 분을 생각해 보자.

연락도 없다가 뜬금없이 손을 내미는 것은 바람직하지 않다.
평소 지속적인 관계가 있을 때 조언과 자문을 청할 수 있지 않을까?

470_130

20 . . .

설정 – 「나는 잘살 수 있는 기초가 있었다! 그러나 나에게 멘토가 없었다. 결국, 잘 살지 못하고 초라하게 늙어갔다.」

축구선수 ○○○는 모든 사람이 인정하는 재능을 갖고 있었다. 그러나 그에게 멘토가 없었다. 결국, 쓸쓸히 운동장을 떠났다. 비단 축구 분야뿐이겠는가?

20 . . .

제대해서 찾아뵐 은사 선배님 나열해 보기. 내 인생의 멘토로 발전시킬 수 있는 분은 없을까?

돌아보면 훌륭하신 은사님은 반드시 계시다.
좋은 선배도 있다! 분명히 있다! 없다면, 훌륭하고 좋다는 것을 모르는 것일 뿐이다.

472_128   20   .   .

선배의 기준은 무엇인가? 후배와 무엇을 주고받을 것인가? 이익을 위해 후배들을 이용하는 선배도 아주 가끔 본다. 내가 그런 선배는 아닐까?

20 . . .

사는 동안 크게 고마운, 은인도 만나게 된다. 은인을 만날 준비가 없으면 은인은 나타나지 않는다!

은인을 만나기 위해서 내게 필요한 것은 무엇일까?

내게 도움을 주었던 사람은 누굴까? 은인도 있었을까? 어떤 상황에서 도움을 받았지?

20   .   .

우스갯소리로 남자는 어머니와 아내 말만 잘 들으면 실수하거나 손해 보지 않는다고 한다. 정말 일까? 깊게 생각해 보자!

맞는 말이라고 하는 사람들이 아주 많다. 어머니와 아내의 공통점은 무엇일까?

지금까지 나를 가르쳤던 선생님 이름 모두 써보기.

475_125

20 . . .

낯선 사람 또는 처음 만난 사람을 어떻게 대할까? 친절 · 경계 · 겸손 · 당당….

20 . . .

476 _124

내 첫인상은 어떻다고들 하지? 내가 원하는 첫인상은?

시간이 지나며 호감이 반감되는 사람.
좋지 않은 인상이나 오래 만나보면 진국이라는 사람. 동기 후임들에게 내 첫인상 진솔하게 듣기

477_123   20 . .

나를 모르는 사람인데, 내가 무엇인가 알아보거나 부탁할 것이 있거나 제안할 것이 있는 경우 어떻게 다가갈까?

연결해줄 사람을 찾아볼까? 당돌하게라도 직접 만나 볼까? 쉽게 만날 수 없는 위치에 있는 사람이면 어떻게 내 뜻을 전할까?

20 . . .

설정 – 「낯선 누군가에게 친절을 베풀었는데, 인생을 바꾼 드라마 같은 이야기」
그 주인공이 나라고 가정해 소설을 써 보자.

「낯선 누군가에게 도움을 받아 인생을 바꾼 드라마 같은 이야기」 이 설정이 더 쉬우려나?

479_121

20 . . .

정말 소설 같은 이야기! 「소극적 태도가 절호의 기회를 놓쳐 두고두고 후회되는 경우」를 상상해 보자!

나이 40이 넘으면 흔히 들을 수 있는 경험이다. 공통점은 기회라는 것을 지나고 알았다고들 한다.

20 . . .

480_120

진심으로 위한다는 것을 안다면, 사랑한다는 것을 안다면 감동하고 울컥한다.
내가 누군가를 진심으로 사랑하고 위한다면 내 인생 어떻게 바뀔까?

이성간 성적 사랑(흔히 말하는 에로스)이 아닌, 잘되기를 바라는 간절한 마음과 그에 따른 행동을 말한다.

481_119

20 . . .

예의 바르고 매너 좋은 내 삼사십대 상상해 보기

아는 사람 한 명 없는 낯선 나라에 나 혼자 남게 되었다. 말도 통하지 않고 돈도 없다. 집으로 돌아갈 수도 없고 이곳에서 살아야 한다. 환경에 적응해 살아가는 모습! 오늘 하루 상상해 보자.

482_118

20 . . .

「두 번 다시 만나고 싶지 않은 사람은 인생 스승이다!」

지금까지 만났던 사람 가운데, 그런 사람을 깊게 생각하고 떠오르는 생각들 정리해 보기

20   . . .

설득 능력은 대인관계에 매우 특별한 장점이다.
좋은 관계를 유지해 상대를 내 사람으로 만드는 능력이다. 무엇이 필요할까?

상황·상대·내용에 따라 솔직하게·논리적·감성적·이성적으로 대해야 하지만
어떻게 대하는 것이 좋을지 파악하는 능력은 훈련이 필요하다.

484_116   20   .   .

세상살이는 결국 누군가와 관계를 갖고 살아가는 것! 삼사십대 내가 나에게 조언하고 싶은 대인관계 조언은? 삼사십대 만남 · 인연의 계획은 이렇다!

좋은 관계를 유지하려면 내가 좋은 사람이어야 한다. 다른 사람의 입장에서 내가 '좋은 사람'이 되려면 어떻게 해야 할까?

7. 삼사십대 건강은 어떻게 유지할 것인가?

10여 년 병으로 누워 지내다 떠나셨다! 예상된 이별이라 가족들 슬픔도 덜하다. 자신도 힘들고 가족도 힘든 10여 년의 시간이었다! 젊은 날 건강을 자신했고, 특히 먹고 마시는 것에 지극히 관대했다.
"백 년 살 것도 아닌데, 이것저것 다 따지면 세상살이 즐겁겠어?"
"즐겁게 먹고 마시는 거야!"

어느 날 갑자기 떠나지도 않거니와, 가까운 사람들 힘들게 한다는 것을 생각하면 건강은 자신만을 위한 것도 아닌 것 같다. 시간을 거꾸로 되돌려 젊은 날로 돌아간다면 어떻게 살았을까?

20대 혈기왕성한 군인! 가장 건강한 시기에 건강을 생각하라는 말은 설득력 없을 수 있다. 어른들 이야기 '건강은 건강할 때 관리해야 한다!' 이 말조차 와닿지 않을 시기다. 그런 말을 건네주시는 분, 진심어린 이야기다! 주어진 상황에 나는 어떻게 할 것인가 답해보고 살아본다.

20 . . .

지금 흡연을 하든 하지 않든 담배에 대한 생각 정리해 보자!

486 _114

20 . . .

적당한 음주는 만남을 부드럽게 하고 스트레스 해소 등 생활에 활력을 줄 수도 있다. '적당한'의 기준은? 내 삼사십대 술에 대한 생각은?

20 . . .

삼사십대! 운동이 가장 부족한 나이라고 하던데. 젊음을 믿고 건강을 걱정하지 않아

운동 부족으로 비만·당뇨가 시작되는 것조차 모른다고 하던데!

운동 부족으로 내가 비만·당뇨로 힘들어하는 모습 상상이 될까?

지금보다 몸무게 30kg을 더한 내 생활은 어떤 모습일까?

488_112   20 . . .

건강을 해치는 가장 나쁜 것 가운데 하나가 스트레스라고 하던데! 나만의 스트레스 해소 방법 및 스트레스를 피하는 방법을 마련해야 하지 않을까?

20 . . .

가능한 먹지 말아야 할 것! 나는 알고 있을까? 삼사십대 내가 가려먹을 것 정리하기

한국 여성의 장(腸)건강 악화 – 변비 · 설사 · 배앓이는 왜 생길까? 양수 · 모유는 왜 오염되고 있을까?
1권에서 내 식습관에 대해 돌아봤다. 참고해도 좋겠다!

코로나19를 통해 많은 사람이 대한민국 의료시스템, 의료보험이 잘 되어 있다는 것을 알게 되었다. 의료보험이 잘 되어 있어서인지 병원을 찾는 사람도 많다. 어떤 큰 병의 전조증상일 수도 있으나, 사소한 증상으로 찾기도 한다. 의사선생님의 '괜찮다'는 말을 듣기 위해! 어쩌면 심리적 위안 때문인지 모른다. 나는 어떨까?

약은 병을 치료하거나 신체를 변화시키는 화학물질이다. 약이 내 몸으로 들어오면 긍정 효과도 있으나 예상치 못한 치명적 결과가 생길 수도 있다. 약을 신봉해 달고 사는 사람도 있고, 약을 거부하는 약 결벽증이 있는 사람도 있다. 감기약, 해열제, 진통제, 수면제, 항생제…. 임의로 먹는 경우도 많다. 약과 건강은 어떤 관계여야 할까? 나는 올바르게 약을 먹고 있나?

20 . . .

돈 주고 먹고, 살 빼기 위해 돈·시간 쪼개어 운동하고! 차라리 적당히 먹자?

제대해서, 내가 먹을 양 기준을 정할 수 있을까?

어떤 나라는 가격 폭락을 걱정해 식량 등 먹을 것을 버리고, 어떤 나라는 기아에 허덕이고.

많이 먹거나, 돈 때문에 먹는 것 독차지하는 것 옳은 것일까?

491_109   20 . . .

군 생활이어서가 아니라, 평소 내 식사 속도에 문제가 있는 것은 아닐까? 빨리 먹어 좋은 것 하나 없다고 하는데! 제대해서 내 식사 속도 어떻게 조절할까?

20 . . .

492_108

내가 특별히 좋아하거나 싫어하는 맛이 있던가?
단 짠 신 매운맛…. 편식에 대해 내가 경계할 것이 있을까? 제대한 후 어떻게 극복하지?

남성의 생시건강 악화 – 남성 정자수 감소가 불임 원인이라고 한다. 정자수는 왜 급격하게 줄어들었을까?

493_107   20   .   .

1. 주는 대로 고맙게 먹는다. 2. 먹는 것은 가능한 내가 선택한다. 삼사십대 '먹는 것'에 대한 계획은?

적게 먹거나 가려 먹으면 '입이 짧다'고 할지 모른다. 내 건강 누가 책임져주지도 않는다. 먹는 것이 건강의 70%라는데. 내 몸은 음식물 쓰레기통이 아니다!

20 . . .

494_106

전혀 모를 수 있고 알면서 고치지 못하는 경우도 있다.
내 건강을 해칠 수 있는 몸에 밴 나쁜 생활습관은 무엇일까? 육체적인 것 찾아보기

나와 일정 기간(최소 1년 이상) 같이 생활한 사람의 이야기를 듣는 것도 좋은 방법이다.

495_105 20 . . .

경계해야 할 마음·정신 건강에 관한 내 생활습관은 어떤 것이 있을까? 사회로 돌아가면 어떻게 대처할까?

마음이 상하거나 탁하게 할 수 있는 습관, 정신을 해칠 수 있는 생활습관, 정신력을 떨어뜨리는 습관은 무엇일까?

20 . . .

삼사십대 정기적으로 건강검진을 하게 되는데, 건강검진에서 주의 깊게 볼 건강의 변화·검진결과는 무엇일까? 정기 건강검진에 대한 계획 준비하기

497 _103

20 . . .

사노라면 반드시 허리 아픔을 경험한다고 하던데, 허리 건강을 위해 내가 준비할 것은 무엇일까?

20 . . .

무릎 건강이 좋지 않으면, 이동에 제약이 많고 기회가 줄어든다.
삼사십대 무릎 건강 나쁘지 않게 내가 준비할 것은?

젊은 날 무릎을 혹사하는 경우가 많다!
무릎이 건강하지 않으면 운동 부족으로 몸무게가 늘어나며, 몸무게가 늘어나면 무릎은 더 나빠진다.

499_101

20 . .

밤새 이앓이로 고통을 겪지 않기 위한 나만의 예방법이 있을까?

20 . . .

500_100

삶에 의욕이 떨어지는 것은 위기다! 우울 · 허무 · 의욕 상실 · 인생무상 · 불안 · 초조 · 긴장 · 좌절 · 절망 · 대인기피…. 어느 날 내게 이런 파도가 밀려오면?

군 생활하면서 삼사십대 불면증을 상상한다는 것 모순이다!
그러나 자고 싶은데 잠을 잘 수 없는 불면의 고통스런 밤을 많이 경험한다! 내게도 그런 날이 올까?

501_99

20 . . .

설정 – 「간경화라고 했다. 지방간 초기라는 것은 알고 있었지만! 잦은 회식에 이틀에 한 번 술을 마셨다. 젊은 나이에 내가 간경화라니?」

20 . . .

설정 – 「시력이 점점 나빠지고 있다. 책 보는 것도 힘겹다. 어릴 때부터 핸드폰을 끼고 살아서 그런 것일까? 실명할까 두렵다.」

503_97

20 . . .

설정 – 「기계음이 계속 들린다. 이명이라고 했다. 괴롭다! 젊은 날 청력을 잃을까 걱정이다.」

집중을 할 수 없다! 이어폰으로 음악을 들어서 그런 것일까?

20 . . .

설정 – 「음식을 먹기만 하면 명치가 더부룩하고 아프다. 음식물이 내려가지 않고 걸린 듯하다. 습관적으로 체하는 것 같다.」

505 _95

아침에 일찍 일어날 수 없다. 일찍 일어나면 하루가 몽롱하다. 올빼미 생활을 하는 것이 옳은가?
그래도 군대 생활은 잘했는데….

20 . . .

506_94

청소년도 아닌데 음란 영상물에 지나친 관심!
성도착증은 아닐까? 성욕이 지나치게 강한 것 아닌가? 이러다 성범죄에 빠지는 것은 아닐까?

507_93

20 . .

육칠십대도 아닌데 머리카락이 많이 빠지고 있다. 신경 쓰지 않으려 하지만 쉽지 않다. 발모제, 기능성 샴푸, 모근 건강에 좋다는 것 다 해보았는데….

20 . . .

내가 아는 건강한 분 어떻게 건강관리를 하고 있지?
질병에 시달리는 분 무엇 때문? 내 생활습관과 건강 예측 가능할까?

509_91

20   .   .   .

설정 – 「두통·열·설사·기침·배앓이…. 가볍게 여겼다가 병이 많이 진행되었다. 병원 생활에 몸과 마음 지쳤다.」

이외에도 '가슴 통증·구토·메스꺼움·두근거림·식욕 저하·식은땀·콧물·피로감·현기증·호흡곤란' 등 증상을 선택해서. 건강염려증도 문제지만 건강에 대해 무심한 것도 문제 아닐까? 내 몸이 보내는 신호 (전조증상)를 제대로 알아차려야 하지 않을까?

내 몸 관련 객관적 수치 및 정상인 평균 수치

지금은 대부분 정상이다. 항목의 의미가 무엇이고, 객관적 검사 수치가 무엇을 말하는지 정확히 알자! 정기적으로 체크하면 좋겠다. 삼십 대 중반 그리고 사십 대에 변화가 시작될 수 있다.

키 · 몸무게 · 체질량지수(BMI)	18.5~22.9
시력 좌 · 우	
청력 좌 · 우	
혈압 수축기(mmHg) · 이완기(mmHg)	
맥박수	
백혈구(WBC)	6200-17000/mm^3(4000~10000)
적혈구(RBC)	430만~580만/mm^3
헤모글로빈(Hgb)	13.0~17.0g/dL
혈소판(Platelet)	150,000-450,000/uL
혈당(Glucose)	90~110mg/dl
당화혈색소(HbA1c)	4.0~6.0%
중성지방(triglycerides)	150mg/dL 이하
혈액요소질소(BUN)	10~25mg/dL
Creatinine	0.7~1.4mg/dL
Albumine	3.5~5.2g/dL
아스파테이트아미노전이효소(AST)	0~40U/L
알라닌아미노전이효소(ALT)	0~40U/L
알칼리인산분해효소(ALP)	40~120IU/L
콜레스테롤	200mg/dl
저밀도 콜레스테롤(LDL)	100mg/dL 이하
고밀도 콜레스테롤(HDL)	41mg/dL 이상
HBs-Ab B형 간염 표면 항체	
B형 간염 표면 항원	

510_90

20 . . .

삼사십대 내 건강 어떻게 유지할 것인가? 정리해 보자.

8. 점호를 생활습관으로!

병영생활 일과는 점호로 시작해서 점호로 끝난다. 점호가 지겹다는 병사도 꽤 있다. 군대에서의 점호를 나에게 적합한 형식으로 바꾸어 습관화하면 좋겠다. 매일 눈 뜨고 일어나서 그날 할 것, 자기 전 무엇을 점검할 것인가? 그 시간도 규칙적이면 좋겠다!

8장은 제대해서 나 홀로 점호하기 위한 준비다. 내가 당직사관이다. 나만의 점호에 무엇을 어떻게 점검할 것인지 생각해 본다.

20 . . .

제대해서 기상 후·취침 전 매일 몇 시에 점호할까?

민간인일 때 아침 점호 어떻게 할까? 취침 점호에는 무엇을 체크할까?

매일 정해진 시간에 하루를 계획하고, 하루를 평가할 수 있을까?

점호시간이 일정하지 않거나 점호를 건너뛰면 생활이 흐트러지는 것이라 봐야 한다.

512_88   20 . .

사회생활 하면서 내 생활을 기록할 필요가 있을까? 일기를 쓸까? 다이어리에 기록할까? 아니면 디지털을 이용할까?

삼사십대 짜임새 있게 생활하는 내 모습은?~

20 . . .

513_87

내게 주어진 임무에 충실하기 위해 1년 계획과 그에 맞는 월별 계획, 그달의 계획 세부계획으로 1주일 계획, 하루하루의 계획이 가능할까?

계획대로 되는 것은 아니다.
계획 없이 생활하는 것보다 훨씬 효율적이지만 연습이 필요하다! 좋은 습관이지만 깃들기 쉽지 않다.

514_86   20   .   .

매년 12월 마지막 2주일을 지난 1년 계획 점검해 보고, 다가오는 1년을 계획하는 시간이면 어떨까?
내 삶의 목적 목표에 맞는 1년 단위의 계획이 가능할까?

여행계획을 잘 짜면 여행이 알차다! 인생계획도 마찬가지 아닐까? 여기에서 지구별 임무라 표현된 삶의 목적이 잘 정해지면 세부계획도 좋지 않을까? '지구별 임무'는 여행지 즉, 목적지를 정하는 것이다.

20 . . .

내 인생에 종교는? 내 호주머니를 노리는 나쁜 종교를 가려낼 수 있을까?
부끄럽지 않게 세상 끝나는 날까지 양심을 유지할 수 있을까?

맹신을 강요하는 가면 쓴 가짜에 속을 확률은 아주 높다! 머리 좋고 공부 많이 한 사람들이 더 많이 속는다.

516_84

몸에 밴 나쁜 습관을 어떻게 알아차릴까?

20 . . .

반복적인 실수·잘못에서도 얻는 것이 없다면 실패한 인생이다.
나쁜 결과에서 나름 얻는 것도 있어야 한다. 어떻게?

518_82

20 . .

마음을 비추는 거울이나 CCTV가 있을까? 수시로 마음을 닦고, 어떻게 말하고 행동하는지….

나에게 거울과 CCTV는 무엇일까? 거울을 들여다보고 CCTV를 돌려보는 것은 훌륭한 습관이겠다. 내 생각과 말과 행동에 대한 '마음 알아차림'이 가능하다면 삶은 풍요로워지겠다.

아내는 거울

내 짝이 거울이면 좋겠다! 얼굴에 뭐가 묻었는지, 표정에 대한 조언도 마다 않는다. 옷차림은 어떤지, 걸음걸이에 대한 의견도 준다. 좋지 않은 생활습관을 말해줄 뿐 아니라 말투도 교정해 준다. 내가 맡지 못하는 냄새까지도 이야기한다. 내가 우울한 것 같으면 분위기를 바꿔주고 의기소침할 때면 용기를 준다. 내 마음까지 비추는 나를 너무도 잘 아는 아내는 내 인생 거울이다. 그런 거울 있을까?

519_81   20   .   .

마음을 다독여주는 책이나 음악은 없을까? 마음을 진정시켜주는 장소나, 마음을 가라앉혀주는 생활습관·취미는 없을까?

20 . . .

520_80

나쁜 생각, 나쁜 마음을 갖지 않는 나만의 방법은?

성범죄자 대부분은 음란한 생각의 반복에서 시작한다! 나쁜 생각은 소리 · 동영상 · 맛 · 책 · 취미 심지어 사람에서 시작되기도 한다. 매일 생각과 말과 행동을 돌아보는 방법이 없을까?

521_79   20   .   .

맹신과 확신을 가려내는 게 어려워진 세상이다. 맹신을 강요해 욕심을 채우는 무리도 많다. 나의 맹신을 누군가에게 확신이라고 말하고 있지 않나?

팬클럽, 지지자가 되는 것도 신중해야 한다. 사람에 대한 실망은 큰 충격으로 되돌아올 수 있기 때문이다.

맹신을 자각하지 못하는 세상이다!

20 . . .

혼자만의 시간! 돌아보고 정리하는 시간을 갖는 방법은 무엇일까?

산속이어도 좋고 바닷가도 좋다. 나와 무관한 종교시설도 그렇게 활용할 수만 있다면!

523_77 20 . .

좋은 사람과 나쁜 사람의 차이는 양심이다. 내 양심이 어느 정도 무뎌졌는지 가끔 확인해 볼 방법은 무엇일까? 잘 살기 위한 과정이기 때문이다.

확인하는 방법은? 내게 맞는 것을 준비해야 한다.

20 . . .

524_76

삼사십대 나를 반성하고 들여다보기 위해 어떻게 할 것인가?

대한민국은 꿈을 이룰 수 있는 사회인가?

꿈이 있어야 이루든 말든 할 텐데….

나는 꿈이 있을까?

9. 잘살기 위해 내가 배우고 습관화할 것들

사는데 필요한, 배워야 할 것은 많은 데 그럴 기회·시간·돈이 지금까지는 없었다. 학교에서 가르쳐주지 않은 것들 가운데 세상살이에 필요한 것은 의외로 많다. 어떤 것들이 있으며 언제 배울까? 군 복무하면서 배울 수는 없을까?

내가 가져야 할 습관! 버려야 할 나쁜 습관! 내가 버려야 할 나쁜 습관! 무엇이지? 내가 의도적으로 좋은 습관을 가지려 노력하지 않으면, 나도 모르게 나쁜 습관이 슬그머니 다가와 그 자리를 차지한다. 그 습관은 세상 끝날 때까지 나를 지배한다.

입대하기 전, 나는 어떤 모습이었나?

1. 아침에 눈을 뜨면 바로 일어났다.
2. 밥을 천천히 먹었다. 식사할 때 음식을 흘리거나 먹는 소리가 났다.
3. 내 신발 밑창은 균일하게 닳아있었다.
4. TV · 책 · 인터넷 · 스마트폰을 보고 혼자 웃거나 화나는 경우도 있었다.
5. 이동전화가 항상 옆에 켜있고, 집에 두고 오거나 없으면 불안했다.
6. 이유 없이 혼자 노래를 부르거나, 휘파람 불거나, 중얼거렸다.
7. 상대가 말을 할 때, 집중해서 듣지 않고 다른 생각을 하는 경우도 있었다.
8. 상대의 말을 끊거나 끼어들어 내 주장을 말하는 경우가 종종 있었다.
9. 다른 사람과 대화할 때, 눈을 쳐다보면서 말했다.
10. 친하지 않은 누군가와 둘이 말없이 있어도 어색하지 않았다.
11. 문을 열 때 밀지 않고 주로 당겼다.
12. 선정적인 영상을 보면 또 다른 상상을 했었다.
13. 해야 할 일을 미루다 잊기도 했다.
14. 사용한 물건은 반드시 제자리에 갖다 놓았다.

내 습관 가운데 모르는 것이 많다. 그게 나쁜 것이라면 고쳐야 하겠지만, 알지 못하는데 어떻게 고칠 수 있을까? 병영일기 1권에서 살펴보았다. 습관은 짧은 기간에 고칠 수 있는 것도 아니며 새로운 습관은 계속 생긴다. 끊임없이 나를 객관적으로 봐야 한다.

20 . . .

525_75

난잡하거나 불규칙한 생활만 하지 않아도 좋을 내 삼사십대!
정돈된 규칙적인 생활 어떻게 가능할까?

철학자 칸트는 규칙 생활의 대명사다. 타고난 허약 신체에도 장수와 건강한 삶을 살았다.

526 _74   20 . .

삼사십대 나는 메모나 기록을 잘할까?

메모를 잘하는 사람은 최소한 실수를 줄일 수는 있다. 아이디어·할 일·약속·일정…. 내 주위 메모 기록 잘하는 사람 장점은 무엇일까?

20 . . .

527_73

약속(이행 · 시간 · 돈 · 계획 등)을 지키지 않아 낭패를 보았다!

어쩌면 이미 경험했을지 모른다. 상상해 상황을 만들어 보자! 삼사십대 이런 경우는 없어야 한다.

528_72   20   .   .

정직하지 않거나 게으름 때문에 절체절명 위기에 처했다!

거짓말이 들통나 위기에 처하거나, 늦잠 등 게으름으로 일생일대 기회를 놓치는 일 상상해 보기

20 . . .

529_71

내가 아는 사람의 정말 좋은 습관은?

닮고 싶은 좋은 습관을 가진 사람은 분명히 있다.

운전을 잘하는 사람 떠올려 운전습관 생각해 보기!

운전을 잘하는 사람은 100% 잘사는 사람이다!

자동차 운전 같지만 실은 '인생 운전'이다.

1. 자동차 관리를 못 한다. 차 안팎이 더럽다. 정기 검사·교환도 소홀하다.

2. 신호등·제한속도·멈춤·일방통행 등 교통법을 잘 지키지 않는다.

3. 차창 밖으로 쓰레기를 버리거나 침을 뱉는 경우도 있다.

4. 차선 변경과 추월을 자주 한다.

5. 감정을 실어서 경적을 울린다.

6. 전혀 들리지 않는데도 다른 운전자를 향해 소리 내 욕을 한다.

7. 차선 양보란 없다.

8. 흥분해 과속하는 경우도 있다.

9. 맥주 한 잔쯤은 괜찮다고 음주운전 한다.

10. 운전 중 음식을 먹거나 음악을 크게 듣거나 스마트폰을 본다.

운전을 '생활'로 자동차를 '몸과 마음'으로 생각해 보면….

20 . . .

수영 · 응급처치 · 자전거 · 요리 · 고장난 기계 · 타이어 교체….
급한 상황에 많은 사람이 어쩔 줄 몰라 하는데, 내가 능수능란하게 해결하는 모습!

질문에 예시하지는 않았지만 더 많은 것들이 있다. 좀 더 구체적인 분야 생각해 보자.

20 . . .

내 성향과는 거리가 있지만 삼사십대 교제 · 비즈니스를 위해 배워둘 필요가 있는 것은 무엇일까?

제대하고 배워야 할 것 생각해 보기

배워두면 대인관계 특히, 비즈니스 등에 유용한 것이 있다. 휴가 때 어른들에게 물어보고, 배울 것인가? 언제 어떻게 배울 것인가? 생각하기

20 . . .

일주일에 한 번 세수할까? 일 년에 한 번 샤워할까? 내 양심은 얼마나 자주 어떻게 닦아낼까?

아주 작은 잘못에 마음 졸이던 아이가, 서슴없이 나쁜 짓 하는 성인이 되었다.
무엇이 그렇게 변하게 했을까? 무뎌진 양심은 죄를 만늘고 많은 사람을 힘들게 한다.

533_67   20 . . .

화나면 침착해지는 내가 상상될까? 쉽게 고쳐지거나 습관이 되지 않는다. 나만의 안전장치가 필요하다. 어떻게?

흥분해 이성을 잃어 인생 망친 사람 한둘이 아니다.

20 . . .

'걱정'에 어떤 태도를 취할까? 오지 않은 미래를 초조 걱정한다고 좋아질까?

마음 졸이며 걱정하는 일이 실제 일어나는 경우는 5% 이하라는 결과가 있다. 대책 없이 유유자적도 문제지만 조급함도 문제 아닐까? '걱정에 내처하는 내 태도'는 걱정 없을 때 준비해야 하지 않을까?

나는 기적 속에 살고 있다.

이 순간에도 삶과 죽음의 갈림길에서
사투를 벌이는 사람은 많다.
어떤 사람은 중환자실에서 간절히 기적을 바라고 있을지 모른다.

"신이시여! 제게 기적을 베풀어 주십시오."
"제 아들 두 눈을 뜨게 해주십시오!"
"우리 엄마 살게만 해주세요."

그들의 원하는 기적!
나의 매일 매일은 기적인 셈이다.

20 . . .

535_65

나는 변화에 잘 대처 적응하고 있을까?
새로운 기기 · 시스템 · 규정 · 제도…. 능동적으로 대처하기 위해서 무엇이 필요할까?

변화에 적극적으로 대처하지 못하면 시대에 뒤떨어지며 나이 관계없이 꼰대가 된다.
디지털에 능숙한 노인은 늙어 보이지 않는다! 필름 · 사진 · 전자…. 다국적 기업의 몰락을 보라!
혁신이라는 것은 개혁을 말하는데 스스로 객관적이지 않으면 불가능한 일이다.

536 _64 20 . . .

뉴스에 언급되는 경제 관련 용어 어느 정도 이해할 수 있을까? 경제 전문사이트 뉴스에 대한 나의 이해 정도는?

예 : 소비자물가지수, 기준금리, 통화 스와프…. 무엇을 말할까?.

10. 가끔은 즐거움 기쁨 설렘도 있어야 하지 않겠나?

돈만 벌다 떠나면 인생이 즐거울까? 버는 것도 즐겁고 기쁠 수 있지만, 쓰는 것이 더 쉽고 즐겁지 않을까? 내가 나를 위해 돈과 시간을 써 즐거울 것 무엇이 있을까?

과하게 빠지지 않으며 삶에 활력을 주는 취미! 삶에 오아시스와 같은 즐거움 기쁨 무엇이 있을까? 10장에서는 삼사십대 내가 즐길 취미에 대해 생각해 본다.

20 . . .

537_63

취미가 직업이 되어 즐거운 삶! 직업이 되어 지겹게 되어버린 취미!
취미와 삼사십대 내 삶을 상상해 보자.

주위 누군가에게 내 취미가 불편을 준다면 그만두는 것이 낫다. 불편이 아니라 걱정거리라면 문제다.

538_62 20 . . .

오로지 나만을 위해 시간과 돈을 쓴다? 어떻게? 얼마나? 기준이 있어야겠다.

20 . . .

539_61

'식물 가꾸기' '요리' '요가'를 즐기는 나의 삼사십대

나와 무관한, 지금까지 경험해보지 않더라도 취미를 즐기는 생활 상상해 보기

540_60

20 . . .

친구 · 지인들과 같이 공연 · 전시회 · 봉사활동 하는 삼사십대 내 모습 자세히 글로 옮겨보기

공연(연주, 합창, 연극), 전시(사진, 그림, 서예 등), 출판(문학), 경기(스포츠)

20 . . .

541_59

바둑 · 서예 · 낚시 · 클라이밍 · 스킨스쿠버 · 패러글라이딩….
지금까지 경험해보지 않은 취미가 생활의 즐거움, 활력이 되는 삼사십대 생활!

# 542_58

20 . . .

친구들과 술 한잔, 담소와 함께 차 한잔! 함께 즐기는 운동…. 나의 삼사십대 모습일까?

20 .   .   .

어떤 책을 얼마나 읽을 것인가? 책을 읽지 않는 사람에게 꿈이 있을까?
독서는 취미가 아니라 생활 필수 아닐까? 삼사십대 책 읽는 내 모습은?

544_56   20 . . .

가족 또는 가까운 사람과 가보고 싶었던 곳을 여행하며 맛있는 음식, 즐거운 경험을 하는 삼사십대 내 젊은 날!

20 . . .

추운 겨울 따스한 햇볕 쬐면서
음악 들으며 좋았던 추억을 회상하는 나! 음악에 취해 기분 좋은 내 모습!

546_54

20 . . .

삼십 대 후반, 가족과 함께 지내는 시간보다 취미에 많은 지출과 시간을 쓰거나 중독이 되었다!

11. '태풍'을 만나면

꽃길만 걸을 수는 없지 않을까? 때로는 태풍을 만나기도 할 테니…. 어떤 이는 태풍을 맞고 쓰러지고, 또 어떤 이는 이겨내겠지. 미래의 일! 확신할 수 있는 것은 아무것도 없다. 우리가 미래라 했던 그 지점도 시간이 흐르면 현재가 되었다 과거로 흘러간다. 태풍이 나를 지나가게 한다면 훗날 담담하게 자랑스럽게 추억처럼 이야기할 수 있으나, 스러지면 그것으로 끝이다!

내 인생 절체절명 위기의 순간이라면 어떤 일들일까? 상상할 수 없을 것이다. 태풍은 예고 없이 오거나, 오고 있다는 것을 느끼지 못하기 때문이다. 이십여 년 살아온 날 가운데 최대 위기는 무엇이었지? 내게 닥쳐올 태풍을 생각해 보고 이겨내는 지혜를 배운다! 침울한 설정이지만 훗날 내게 보약이다. 태풍을 막거나 세기를 약하게 하거나….

20 . . .

오른쪽 팔다리가 마비되었다. 걷기도 힘들다. 하필이면 왜 내게 중풍이 찾아왔을까?
혈압이 높은 것은 알고 있었지만 잦은 술자리가 원인이었을까?.

삼사십대 어느 날 내가 맞닥뜨린 이런 상황을 가정해 글로 옮길 수 있을까?
생생하지는 않더라도 그 속으로 들어가 본다.

548 _52

20 . . .

재활을 위해 계속 걷지만 힘겨움의 연속이다. 누가 나를 쳐다보는 것 아무렇지 않으나 평생 이렇게 살아야 하나. 연명한다는 생각에 우울해진다.

20   .   .   .

549_51

팔, 다리가 붓더니 피로감·구토·식욕이 많이 떨어졌다.
신장이 제 기능을 못 한다고 한다. 급기야 혈액투석을 받게 되었다.

일주일에 세 번 병원을 찾아야 한다! 멀리 여행을 갈 수도 없고 생활이 불편해졌다.

550_50

아내가 자기 신장을 이식하자고 한다. 알콩달콩 살아오지도 않았거니와 다정다감한 남편도 아닌 내게 그런 이야기가 너무 미안하다.

아내가 내 처지였다면 나도 그렇게 할 수 있을까? 몇 번이고 되묻는다. 적어도 아내가 더 나를 사랑하고 있다.

20 . . .

어느 날 갑자기 회사를 그만두라고 한다.
말이 권고사직이지 일방적 해고통보다. 아이들 생각에 막막해졌다.

내 수입이 없으면 우리 가족 생계는 어떻게 하나? 노조 활동에 적극적이었다는 것이 사장 눈에 거슬렀을까?

552_48   20   .   .

동료들도 각자 입장이 있겠지만 적극적으로 나서지 않는다. 부당해고에 침묵하는 것이 서글프다. 지금까지 노조 활동 잘못한 것일까?

모든 것 잃고 낭떠러지 끝에 섰을 때
내 곁에 있어 줄 사람 누구일까?

553_47

20 . . .

아! 시작하지 말았을 것을…. 될 듯하면서 조금씩 손실을 보더니, 딸 결혼식 모아둔 돈 주식으로 다 날려버리고 빚까지 생겼다.

20 . . .

554_46

같이 일하던 후배가 경쟁업체에 기술을 빼돌렸다.
거래처도 가져가 버렸다. 믿었던 후배가 배신을 넘어 나를 파산으로 내몰았다.

모두 잃었다. 가족도 뿔뿔이 흩어졌다.
나아지면 함께 살 것고 약속하며. 재판과정에 후배는 세금을 탈루했다고 협박까지 한다.

20   .   .   .

화재로 모든 것을 잃었다.

나는 소화기를 사용할 수 있나? 화재의 원인과 과정, 실의에 빠진 모습 상상해 글로 옮겨보기

20 . . .

의사 선생님께서 보호자와 같이 오라고 한다.

'아! 뭐지?' 머리가 하얘졌다! 폐암이라고 했다. 담배를 피우지도 않는 내가 왜 폐암 걸렸을까?

무엇부터 어떻게 해야 할지 막막하다.

암을 경험한 사람들의 이야기를 귀동냥했다. 다양한 이야기 어떤 것이 믿을만한 정보인지 알 수 없다.

557 _43

20 . . .

치료 과정이 힘들다. 머리카락 빠지는 것은 문제가 아니다. 메스꺼움과 무기력함은 모든 의욕을 떨어뜨렸다.

20   .   .   .

558_42

1년 6개월 만에 재발했다.
위와 다른 장기로 전이되었다고 한다. 항암치료를 다시 할 생각을 하니 끔찍하다.

암 투병기 읽어 보고 그 입장에서 상상해 본다.

559_41

20 . . .

누군가 날 위해 기도하는 사람이 있을까?

정말 잘 살기 바라는, ○○○에게 보내는 편지

560_40

20   .   .

어렵사리 얻은 초등학교 3학년 딸이 백혈병으로 떠났다. 이별의 아픔이 아물어가는데 문득 죽음 너머를 생각하게 되었다.

사랑하는 아이는 어디로 갔을까? 우울증이 아닌 삶의 근원에 대한 의문이 생겼다. 언젠가 자식을 잃고 출가한 스님 이야기가 떠오른다.

20 . . .

561_39

아내가 이제 헤어지자고 한다. 아무런 이유가 없다.

562_38

20 . . .

평생 가장 큰 잘못을 했다. 음주운전으로 상대가 사망했다.

태풍서귀

사노라면 태풍도 오겠지
때로는 흔들다 지나가고
때론 휘청거리다 스러지고
견디기 어려운 태풍이 오거든
서귀포로 가자

풀썩 주저앉아 울고 싶다
모두 포기하여 끝내고 싶다
분노의 창끝이 비수가 되려나
버티기 어려운 태풍이 오거든
서쪽으로 돌아가자

나에게로
가족에게로
서쪽으로 돌아가자
허물어지기 전
돌아가자

강홍림 소설 '태풍서귀' 中에서. 병영일기 지은이 강홍림은 1964년 제주에서 태어났다. '부부의 꿈' '불로초를 찾아서' '아버지의 바다' 등의 소설과 '노는 것이 공부' '제주섬 사랑이야기' 등의 문화콘텐츠를 기획했다. 2018년부터 '1인 1꿈 갖기' 캠페인을 주도하고 있으며 DMZ(dream zone) 문화콘텐츠 개발을 진행하고 있다. 소설 '태풍서귀'는 출판사(064-747-7114)에서만 주문구입 가능하다.

563_37

20 . . .

아내가 암을 이기지 못하고 떠났다.

20 . . .

드라마 같은 일이 나에게 벌어졌다.

억울함을 넘어 분노가 끓어오른다. 경찰과 검찰을 거쳐 재판받으러 들락거리고 있다.

CCTV 없는 엘리베이터 안에 있던 여성이 날 추행 혐의로 고소한 것이다.

지나가던 아이가 내 승용차에 흠을 내어, 화를 냈는데 아동폭력 혐의로 아이 부모가 나를 고소한 것이다.

565_35

20 . . .

중독(알코올 · 도박 · 마약 · 게임)에 빠져 몸과 마음 정신이 피폐해진 모습 상상해 보기

20   .   .   .

566_34

넘지 말아야 할 선을 넘었다.
동호회 활동 같이하던 여성과 사랑에 빠진 것이다. 감당해야 할 것이 더 치명적이었다.

의지나 내 삶이 무너진다면, 서서히 무너질까?
어떤 사건에 의해 한꺼번에 쓰러질까? 위기 대처 계획에 실마리일 수 있다.

567_33   20   .   .

회사 동료직원으로부터 성추행 고소를 당했다. 지난 회식 때 신체 접촉이 있었던 것은 사실이나….

막막 · 깜깜 · 분노 · 좌절…. 삶의 위기는 찾아온다.
모든 것 포기하고 싶을 고통을 동반할지 모른다. 그때 나에게 용기를 주기 위한 글을 미리 써 본다.

언젠가 그런 태풍이 내게 온다면….

12. 군복을 벗고 바로 할 일

제대하면 어떤 느낌일까? 병영생활이 힘들었던 과거와는 달리 '제대하고 달라진 것은 거의 없다'고들 한다. 세상이 달라 보인다면, 새로운 시작이라고 느낀다면 내 눈이 달라진 것이며 이 병영일기에 충실한 결과다.

변화에는 과정도 필요하겠다. 직전에 대한 성찰과 평가, 다가올 미래에 대한 계획. 병영일기가 삼사십대 계획이라면 12장은 제대 후 바로 할 일에 대한 계획이다. 군에서는 6시에 기상하면 되었지만, 사회에서는 5시 혹은 4시에 기상해야 할지 모른다. 군대에서는 때가 되면 식사를 주었지만, 사회에서는 직접 챙겨야 할지 모른다.

20 . . .

568_32

입대부터 지금까지 군대 생활 복기하기.
입대할 때 목표한 것, 아쉬운 것, 만족스러운 것은 무엇이었을까?

569_31

20 . .

'군대 때를 벗는다.' 군대 생활이 부정적임을 전제로 한 말이다.

그러나! 군대 생활 잘했다면 제대하며 갖고 갈 것들이 더 많다!

정리해 보기 – 습관, 정신, 다짐, 계획, 기록, 인간관계…. 군대 생활 좋은 습관 규칙을 계속 유지할 방법이 있을까?

20 . . .

570_30

제대하고 인사하기 위해 만날 사람 나열해 보자!
군에서 계획한 내 인생계획에 대해 조언·도움을 청할 사람 적어보자.

만나는 모든 사람이 '축하한다. 수고했다!' 반갑게 맞아주고 격려할 것이다.
군대에서 계획한 내 인생계획을 말씀드리자! 분명 응원과 도움을 주겠다고 하실 것이다.
내 인생 응원하실 분들이다! 제대로 된 전역신고 아닐까?

571_29   20 . .

제대하고 만날 예비역 5년~10년 선배 형들 나열해 보기. 제대하고 무엇하면 좋을지, 남은 20대 무엇을 하면 좋을지 조언 구해보자!

20 . . .

572_28

동기 · 후임 · 선임 · 간부들에게 비친 내 모습은? 솔직하게 들어보자!

사회에서와는 전혀 다르게 철저히 위장된 군대 생활이었을지 모르나, 적어도 군대에서의 내 모습이다.
그들이 보는 내 장단점은 내 임무 수행에 보약일 수 있다.

573_27   20 . . .

정말 인상에 남는 선임의 군대 생활을 자세히 기록해 보자. 군에서 맺은 인연 정리해 보기

366~368쪽 연락처 메모 등

20 . . .

574_26

마지막 휴가, 제대 직전 휴가에서 무엇을 할 것인가?

제대하고 반드시 해야 할 사항 메모하기 - 행정, 금융, 교육 등 갱신 · 신고

13. 이십대가 가기 전 무엇을 할까?

인생에서 이십 대는 어떤 시기일까? 50이 넘은 분들에게 이십 대를 물으면 '좋을 때'라 한다. 막연한 것 같은 그 말에는 '가능성'이 함축되어 있다. 삶의 방향 어느 쪽으로든 가능하다는 말이다.

초중고를 포함한 학창시절에, 또래를 비교하는 것은 도토리 키재기와 같다. 더욱 군대에서 선후임 동기 차이는 없어 보인다. 짧은 머리, 같은 옷, 같은 생활…. 이십 내가 지나면 삶의 방향도 달라지고 옷과 모자의 색도 달라진다. 심지어 만나는 사람도 다르다.

이십 대는 인생 출발점이다! 인생 전체를 보았을 때, 두뇌 활동을 포함해 신체가 최상일 때임은 분명하다. 이 황금 같은 시기를 국방의 의무를 위해 희생했다고 불평불만을 하는 사람도 있다. 반면 인생 전체 밑그림을 그리는 유익한 시기였다고 말하는 사람도 있다! 이십 대에 반드시 해야 할 일을 점검한다.

20 . . .

서른! 뜻을 세우는 나이(立志)라 하던데 내 인생 확고한
'꿈·목표'를 정하기 위해 20대에 꼭 해야 할 것 나열해 본다.

이십대를 지나 서른에 뜻을 세운다! 내 꿈·목표와 301번 임무는 같은 것일까?
그 꿈·목표를 위해 본격적으로 인생 레이스를 시작한다. 시작 즈음에 해야 할 것은 무엇일까?

576_24

20 . .

남은 20대 1년 단위 연도별 계획하기! 20대 한 달은 오륙십대 1년과 같다. 아이에서 어른으로 넘어가는 20대 시간은 휙 지난다.

577_23

20 . . .

20대에 꼭 읽어야 할 책 찾아보기

찾아보고 읽지 않는다면 무슨 소용이 있을까?

독서에도 계획이 있어야 하며, 남는 시간 책을 읽는 것이 아니라 책을 읽기 위한 시간을 별도로 남겨야 한다.

578_22

20 . .

내 인생 '꿈·목표'와 비슷한 오륙십대 어른 찾고 만나보기. 꿈 목표를 이룬 사람도 만나보고, 이루지 못한 사람에게서도 듣고 배울 것이 있지 않을까?

성공한 사람 단 한 사람이라도 만나서 깊게 그 이야기 들어보는 것도 좋겠다! 제대한 후의 계획을 미리 세운다.

기록하지 않으면, 지금 생각 군복을 벗으면서 사라질지 모른다.

20 . . .

우울증은 나이에 상관없이 찾아온다. 사는데 치명적일 수 있다.

우울증이 다가온다고 자각할 때, 대처할 수 있는 나만의 대응방법은?

580_20

20 . . .

미칠 정도로 누군가를 사랑할 수 있는 나이도 20대다! 결혼에 대해 진지하게 고민하는 것도, 결혼한다면 배우자를 찾아보는 것도 20대에 할 일이다.

내 명함과 CP 결정하는 것도 20대에 할 일 아닐까?

20   .   .   .

'여성의 언어'를 배우는 것도 20대에 해야 할 중요한 일 가운데 하나다.
여성과 사이좋게 지내면 인생은 잘 사는 것이다. 세상의 반은 여성이다!

여성의 언어를 어떻게 배울 것인가? 진지한 고민과 계획이 필요하다!

582_18

20 . .

우물 안 개구리는 넓은 세상을 보지 못한다. 여행을 떠나자! 20대에 여행할 곳 목록 정리해 보기

해당 여행지에서 무엇을 할 것인가? 여행의 구체적 목표가 있으면 좋다. 비용은 어느 정도 필요하며 어떻게 마련할 것인가?

20 . . .

학업에 대한 계획은? 특별한 경우를 제외하고 학업도 20대에 마치는 것이 좋겠다.
시험을 준비한다면 시한을 정하는 것이 좋겠다.

마냥 시험에 매달리다 보면 곧 마흔이 된다! 시험뿐 아니라 무엇을 배우는 것 20대에 하는 것이 좋겠다.
나이에 상관없이 배우는 것이 인생이지만 나이들면 배우는 것이 쉽지 않다.

584_16   20 . .

외국어 하나쯤 배워두는 것도 좋지 않겠나? 뜻하지 않은 기회가 올 수도 있으니! 외국어 능숙해 삼사십대 폼나는 내 모습!

20 . . .

585_15

차례에(5쪽) 언급했듯이 삶은 선택의 연속이다!
빠르게, 신중하게, 누구에게 조언을 구할 것인가, 독자적으로 결정할 것인가?

수많은 갈림길에서 어느 길을 택하느냐 삶의 방향이 달라진다. 선택에 대한 연습 20대에 하면 좋겠다.
나에게 맞는 연습방법은 무엇일까?

586_14   20   .   .

내 인생 멘토 한 분 이상 만나는 것도 20대에 할 일이다. 멘토는 나를 객관적으로 조언해줄 수 있는 사람이다. 때에 따라 격려 위로 동조해주기도 한다.

14. 서른 · 결혼 전까지 경제적인 것은 어떻게 해결하지?

경제적 독립을 하지 않고 결혼하기는 쉽지 않다. 직설적으로 표현하면, 결혼해서도 부모님 등에게 생활비 등 돈을 달라고 할 수는 없지 않겠냐는 뜻이다. 결혼하고 아내가 돈을 벌어 생활비를 충당하더라도 경제적 독립은 한 것이다. 문제는 나 스스로 또는 결혼을 통해, 경제적 독립을 하기 전까지 어떻게 할까?

제대와 동시에 취업 등으로 경제적 독립이 이루어지면 문제는 없다. 그러나 복학·체험·자기계발 등 돈이 필요한 경우가 많다. 군대에서 충분한 돈을 모으고 제대했다면 모를까! 어릴 때부터 용돈을 차곡 쌓아두었다면 모를까! 서른·결혼 전까지 자금계획과 실행은 삼사십대 경제생활을 가늠해 볼 수 있다.

20 . . .

제대해서 경제적으로 독립하기 전까지 얼마의 돈이 필요할까? 공간을 독립할 것인가?….
목록과 필요한 돈의 정도를 구체적으로 정리해 보자.

588_12

20 . . .

필요한 돈은 어떻게 마련하지? 누구에게 손을 내밀 것인가? 대출을 받을 것인가? 어쩌면 제대해서 처음 직면하는 문제다!

홀로서기 해야 한다. 경제적 독립·자립할 때 비로소 어른이다.

20 . . .

모아둔 돈은 얼마나 될까? 제대할 때, 월급으로 적금 들어 목돈 갖고 나오는 사람도 많다는데….

어릴 때부터 지금까지, 주위 분들로부터 받은 용돈을 꾸준히 모았다면 경제적 독립이 가능했을 것이다.

드러나지 않겠지만 주위 다른 친구들은 주택부금, 적금 등 이미 준비를 하고 있다.

590_10

20 . . .

돈과 시간을 계획적으로 쓰는 습관 매우! 매우 중요하다. 나는 어떻게 돈과 시간을 관리할 것인가? 지금부터라도 계획이 필요하다!

304 질문 100억 원 나누 비율로 내 인생의 시간을 써도 괜찮은 삶일까?

20 . . .

결혼할 것인가? 결혼에 돈은 얼마나 필요할까?
돈이 없으면 결혼하지 말아야 하는가? 내 형편에 맞게 결혼을 시작할 것인가?

592_8

20 . . .

장사 또는 사업을 시작할까? 종잣돈(seed money)이 없잖아! 가능할까?

당장 수입을 위해 아르바이트를 한다면 어떤 일을 할까?

15. '병영일기'를 마무리하면서!

대략 이십 개월 병영일기가 던지는 질문에 답을 하며 돌아보고, 미래를 상상해 보았다. 이 병영일기가 타의에 의해 요구된 인생 플랜이라면, 이후 세부 인생계획은 내 주도로 이루어져야 한다!

중간에 포기하고 싶은 마음이 들었을지 모른다. 끝까지 완주한 나 자신에게 위로하고 상을 주자! 내 삶의 방향이 조금 보이기 시작했다. 여기서 멈추지 말자! 느끼기 시작했고 나만의 방법도 생각했다. 내 방법을 보완하고 점검하자.

20 . . .   **593**_7

1권 · 2권 기억해야 할 부분 찾아 메모하기! 더 깊이 생각하거나 더 많은 준비가 필요한 부분이 있을까? 내 삶에 중요한 부분이라 생각하는 페이지 기록하기

언제든 이 페이지만 들춰보아도 될 수 있는 페이지 만들기

594_6   20   .   .   .

군 생활을 돌아볼 때, 가장 잘한 것은 무엇일까? 가장 잘못한 것은? 나는 조직 생활에 잘 적응했나? 잘못되었거나 아쉬운 부분은 무엇일까?

고독하게 홀로 살아가는 호랑이 삶, 무리 속 위계에 의해 집단생활하는 사자의 삶! 나는 어떤 유형일까?

직업을 결정하는데, 가정을 갖는데 실마리일 수 있다.

20 . . .

사회로 돌아왔다! 기다렸던 민간인이 된 것이다. 끔찍한 상상일 수 있는데, 다시 입대하면 병영 생활 더 잘할 수 있을까? 내 인생에 군 생활은 어떤 의미일까?

596_4   20   .   .

공부를 더(계속) 한다면 '내 인생 임무'에 어떤 도움이 될까? 다른 공부를 시작할 수도 있고 내 임무에 적합한 일을 바로 할 수도 있다! 무엇을 택할 것인가?

최종학력이 출세·명예·돈을 버는 시대는 지났다.

20 . . .

597_3

군 복무를 마치고 나는 어떤 모습으로 바뀌었을까? 내가 원하는 변화가 이루어졌을까?

입대하기 전과 무엇이 달라졌을까?
가까이 있는 사람들에게 듣자! 이 병영일기를 선물 받았다면 군대에서 이야기를 들려줘도 좋겠다!

598_2   20 . . .

군 생활에서 얻은 것, 깨달은 것 정리하기. 군대 생활을 잘했다면 초중고 12년 배운 것보다 더 많이 더 깊은 것을 배웠을지 모른다.

일출을 보자! 해맞이는 1월 1일만 하는 것이 아니다. 여행하는 것도 좋겠다. 입대하기 전 군대 생활 하면서 무엇을 할 것인지 생각해 보았던 것처럼, 제대하고 나서 이제 어떻게 다시 시작할 것인지에 대해 생각해 보는 시간도 중요하리라.

20 . . .

599_1

내 임무가 바뀌었을까? 10개월 전(301번 질문)부터 삶의 목적 목표에 대해 고민했는데 수정 보완되든 그대로든, 이제 내 임무를 본격적으로 수행해야 한다!

이제 인생 시작이다! 인생 2막 출발이다! 지금까지는 시작을 위한 준비 과정이었다. 군대 가기 전 아이의 삶에서 군대 갔다 온 후 어른의 인생으로 바뀌었다!

600_0

20 . . .

나는 이제 병영일기가 아닌 인생 노트에 내 삶을 쓰기 시작할 것이다! 어떤 인생 노트에 어떻게 무엇을 기록할까?

나도 언젠가 떠날 것이다

고대 메소포타미아에 살았던 어떤 페르시아인도
천 년 전 아프리카 밀림 속 어떤 흑인도
백 년 전 북아메리카 어떤 아파치족도
십 년 전 서울에서 떠난 돈 많았던 사람도
지난해 떠난 강원도 어느 시골 촌부도…

우리가 모르는 많은 사람이
잘 살려고 하지 않았을까?

난 어떤 사람으로 기억될까?
한 세대가 가기 전 잊히겠지…
우리가 잊었던 것처럼

망각의 세월
습관적으로 제사를 지냈던 것처럼
후세도 그럴 것이다

그래도 나는
단 일 년
단 한 사람에게라도
좋은 기억으로 남고 싶다

10년 후 나에게 쓰는 편지

메모

메모

메모

메모